ＤＶ加害男性への心理臨床の試み◉脱暴力プログラムの新展開◉草柳和之◉新水社

◉目次

第2章　加害男性の暴力克服に関する新しい認識――73

第3章　加害男性の暴力克服支援の実際――103

第4章　加害男性の治療モデルによる個人心理療法の実際

第5章 もってほしい世界観の枠組み――― 243

ＤＶ加害男性への心理臨床の試み

──脱暴力プログラムの新展開

序文

ドメスティック・バイオレンス（略称　DV）とは、夫婦・恋人という親密な関係の中で男性から女性に向けて行使される暴力のことを指す。日本でも公式にその実態を把握する調査が近年行われたが、それは不名誉なことに先進国の中で最も遅れた調査となった。一九九八年に東京都の調査、二〇〇〇年に当時総理府による国の調査が公表されたのをご存じの方もおられるだろう。特に、東京都の調査では、三三％の女性が親しい男性から殴る・蹴るなどの身体的暴力を受けたとされ、「立ち上がれないほどの暴力」を受けるという危険な経験をした女性は三％に相当するという数値は、社会に衝撃を与えた。DVはこれほど「ありふれた出来事」なのである。

近年、韓国や台湾などの近隣諸国ではDV防止に関する法律が制定された。一方、我が国のDV対策は法律という点で大きな遅れをとっていたが、ようやく二〇〇一年十月にDV防止法が施行された。しかし、その内実は被害者の安全確保と支援のために有益とならない点が多岐にわたり、今後も粘り強く改善を働きかけなければならない、非常に問題点の多いものとなっている。

夫婦・恋人関係を人生において一度も経験しない人はまれであろう。それにもかかわらず、そのような男女の親密な関係で起こる重大なリスクについて、最近まで私たちの多くが適切な知識をもたなかったのは、驚くべき現象と言わなければならない。

筆者は心理臨床家（カウンセラー）として、日本で初めて体系的なDV加害男性の暴力克服プログラムの実践に着手した。一九九七年十二月のことである。その当時、被害女性を支援する方にとって、このような試みはできるはずがないとして、全く諦められてきた状況であった。以来、その効果への疑い、非難、賛意、そして例外はあるが、マスコミの無責任な関心の中で、協力者に支えられながら加害男性の脱DVの心理臨床的方法論を整備してきた。その一環として専門誌に掲載した論文をまとめ、『ドメスティック・バイオレンス――男性加害者の暴力克服の試み』（岩波ブックレット、一九九九、岩波書店）として出版、さらに全国各地で講演活動も行っている。これらを通じて、加害男性による暴力克服の機運が高まることと、日本各地での実践の拡大を願って、我が国におけるこの希有な試みについて適切な理解を求めてきた。この間、多くの加害男性のDV克服を支援し、プログラム・方法論の蓄積や発見も豊富にあったが、DV問題全体の解決という面では、依然として厳しい状況である。

以来五年の実践をへて、本書を岩波ブックレットの続編として世に問うこととなった。「加害男性に対する暴力克服支援は効果などあるはずがない」「加害者プログラムを推進することは有害である」など、被害女性支援の立場からすれば、加害者へのアプローチへの不信感は依然として根強いが、この本は、あらゆる暴力的関係を断ち切る力を高めることを願って書かれた。

DVの基本認識とは、社会に根差した女性差別という構造の究極的な現れとしての暴力である。その被害の実態がいかに理不尽なものであるかを顕在化する作業、暴力を隠し、正当化する要因を明らかにする作業、さらに被害女性を支援するためのシェルター（避難所）や相談の実践、緊急避難後の福祉的支援、あるいは法律的支援活動などが、これまでの被害者支援の中心になっている。公的な支援策が極めて不十分な日本の社会で、文字どおり草の根で実践に携わってきた人々にとって、このような女性差別としてのＤＶ問題の枠組みは、その論理構成としての妥当性と同時に、困難な状況の中で自らを支える価値観であったと言ってよいであろう。

筆者は加害者をなくす試みを通じてＤＶ問題の解決に携わっているのだが、これは狭義の心理臨床というフィールドを超え、社会の認識を変え、さらに社会システムを変える運動の展開にまで踏み込んでいる。加害者への取り組みというのは社会全体を敵に回すに等しい、というのが筆者の偽らざる実感である。というのも、自分の問題に背を向ける加害者にとって加害者プログラムの実践者は暴力を続ける価値観を揺るがす者だから不快なのである。また、加害者でない保守的男性層にとって暴力をふるうような男性は特別な男性で、自分とは無関係としておきたいがゆえに、自分と関係づける論理展開は不快だからである。また、加害者から徹底的に傷つけられた被害者とその支援活動に携わる人にとっては、尊厳を奪ってきた相手を大切にするように感じられ、許しがたい感情を呼び起こすからである。

しかしながら、男性を含め、ＤＶを無縁としてきた全ての人々がＤＶを重要問題と見なすために、被害女性支援に加えて、男性加害者への更生アプローチという枠組みがぜひとも必要である。

・男性が切実さをもってＤＶ問題に積極的にかかわるにはどのようにしたらよいか。

・加害男性に対しては、DV防止法を作り、暴力に応じて処罰するのみでよいのか。彼らが暴力のないライフスタイルを作り上げるための方法論をどうするか。
・加害男性が自らの暴力克服を率先して行うような啓発活動をいかにして実施するか。

これらの問題に回答するのは容易ではないが、しかしそうであっても推し進めねばならない。社会からDVをなくすために本書では、筆者の実践から導かれたDV問題の新しい枠組みを提案し、従来のDV問題に関する認識の混乱や不備の修正を試みたい。また、DV問題についてしばしば寄せられる質問、加害男性の暴力克服支援に対する批判について、その背景にある問題を浮き彫りにしながら回答していきたい。

念のため、最後に次のことをつけ加えたい。筆者は決して被害者からの視点を重視しないと言っているのではない。DV問題に携わる人間にとって、多くの被害女性に必要な情報と援助が届いていない現実をもどかしく思い、人々の無理解や制度上の不備に対していかんともしがたい憤りを感じるのは筆者も例外ではない。筆者は加害男性へのアプローチと同時に、被害女性の電話相談や、限定して来所カウンセリングにも携わっているので、このことは本当に身をもって実感しており、今後も被害女性への支援策の拡大、社会制度の改革を推進しなければならないことは疑いないのである。

第1章

加害男性の背景にあるものと従来の対応

近年、ドメスティック・バイオレンス（以下、ＤＶと略記）についての関心が高まっている。ＤＶをテーマとする講演会・シンポジウムの増加、マスコミ報道の増加、ＤＶに関する本の出版などによって、少なくとも目に触れる機会が広がったことは確かだろう。ようやく被害女性の声が社会に届くことが可能な時代が到来したのである。これまでＤＶ問題に取り組んできた人々はおおむね、被害女性の相談を地道に行ってきた女性問題に携わるカウンセラー、夫からやっとの思いで避難してきた女性を支援するシェルター（避難所）を運営する人々、暴力に耐え難く離婚に踏みきる際に法律的支援を求められた弁護士など、被害女性支援の活動である。それに対し、暴力のある男性の更生や治療のための日本での本格的な実践は、筆者とその臨床家チームによって二〇世紀末にようやく開始された。これは米国に遅れること約二〇年である。しかしながら、筆者らは、加害男性に暴力克服の可能性を切り開くための濃縮した実践を重ねてきた結果、ＤＶ問題でこれまで顕在化されなかった多くの驚くべき事実を発見し、加害者プログラムの方法論を蓄積してきた。従来、男性の暴力克服は全く不可能と言われてきたが、必要な条件さえ整えば、男性の暴力克服は十分可能であるという現実に直面してきた。ただし、その「必要な条件を整える」ことは極めて困難であり、現在も変わらず厳しい事態である。また、米国のような加害男性全体に暴力克服プログラム受講を法律的に義務化する制度がないために、全国的規模から見ると非常に限定されたものにとどまっている。

この本では、従来の「被害問題としてのＤＶ」から「加害問題からみたＤＶ」の視点にシフトし、ＤＶを広い観点からとらえ直していく。被害者への支援策・マンパワーは近年少しずつ充実してきたとはいえ、依然として不足している。しかしＤＶをこの世からなくすためには、いかに困難であろうとも、被害者への対応と加害者への対応を統合して、ようやくトータルなものとなる。そこで筆者は、我々があらゆる暴力を根絶するために、「被害問題」よりも困難な「加害問題」に向き合う力をつける一助となることを願うのである。

ドメスティック・バイオレンスとは

まずは次の女性の話を読んでいただきたい。以下の証言は、一九九二年に我が国で初めて行われたＤＶの実態調査『「夫(恋人)からの暴力」調査研究会報告書』に掲載されたものである。ただし抜粋にあたって、話のまとまりをつけるために多少の変更をほどこしてあることをお断りしておく。

彼は気に入らないといつも殴ります。高校の時の同級生で、付き合って一緒になりました。仕事がうまくいかないから、私にあたるのだろうと思う。ぶん殴られてアザになったこともある。私が逆らうと「誰に食わしてもらってるんだ」と、テーブルをひっくり返したり、物を投げたり……。一度子どもを連れて飛び出したんだけれど、結局行くところがないので、また戻ってくるしかなかった。こんな生活イヤだけど、どうしたらいいのか……。［二〇代主婦］

当時共働きで、家事全部を私がしていました。子どもは1歳で、家に帰れば、他にみてもらえる人もなく、掃除・洗濯を大急ぎで済ませ、夕食後は休む間もなく子どもをお風呂に入れ、寝かせるという毎日でした。昼間、小さい子ども相手の仕事で心身ともに疲れていたので、子どものそばで添い寝をしているうちに、私はつい寝てしまいました。夜中に突然、夫の声で目をさましました。夫は私が先に寝てしまったことを責めました。私が言い訳をする間もなく、最初は平手で何回も顔を殴られました。私は家の中を逃げ回りました。そして、私が眠っている子どものそばに行くと「子どもを起こすようなことをするな」と拳固で顔、特に目、口、頭を何度も殴られ、お腹も殴られました。〔三〇代主婦〕

読者の中には信じがたい人もいるかもしれないが、これらがDV女性被害者が経験するありふれた実態なのである。DV関連の本を読むと、まさに目を覆いたくなるような悲惨な話に次々に出会う。DVについて何も知らない人がこのような話を初めて聞くと、その人なりの判断を行い、また多くの疑問を投げかけるだろう。例えば「これ程ひどい仕打ちをされているのに、なぜ逃げないのだろうか」「暴力をふるう方もひどいが、殴られる方に挑発するような責任はないのだろうか」「このような男性を選ぶ妻の方にも問題がありはしないだろうか」等々。しかし、実はこのような疑問をもつこと自体が、DVに対する不適切な考えをベースにしているのであり、無自覚に認識上の混乱が起きているのである。これらについては、他のDVに関する書物で十分回答されているので、それらを参照していただきたい。ここでは、後に展開する「加害問題としてのＤＶ」を理解するための最低限のＤＶについての知識を確認したいと思う。

ここで、ＤＶ（Domestic Violence）とは何かを説明したい。Domesticとは「家庭の」という意味であり、直訳は「家庭内暴力」である。しかしＤＶの内訳はもっと広義なものと考えた方がよい。つまり夫から妻への暴力を中心に、恋人、婚約者、内縁関係、事実婚、元恋人、元婚約者、元夫との関係も含む暴力を指す。さらに女性・男性とも同性愛カップルでの暴力もＤＶに含まれる。実際、米国のシェルター・スタッフの研修資料（注1）を見ると、同性愛のＤＶについての記述が一〇ページ以上あり、この種のＤＶに抱きやすい誤解の訂正や、具体的対応法が述べられている。また、ニューヨーク市のシェルター資料には同性愛者専用のシェルターも掲載されている。米国ではＤＶ対応の中に同性愛カップルをしっかりと位置づけている。日本では表面化しにくいが、筆者の臨床経験でも確実に存在していると言える。私たちの社会では同性愛という生き方についての適切な理解を有しているとは言い難い。ＤＶ問題を契機にして、あらゆる偏見を乗り越えようとする意思を我々は確認し、その中に同性愛も含め、適切な認識を持つことを目指すべきであろう。

ＤＶの暴力はおおよそ次の七種類に分類できる。

（1）身体的暴力

平手打ち、殴る、蹴る、かみつく、つねる、首を絞める、髪をつかんで引きずり回す、などであるが、気を失うほどのショックや痛みを与えたり、打ち身、外出血、骨折などにいたる例も多い。妊娠中に腰や腹部を殴打された例も少なくない。

（2）精神的暴力

「気違い」「役立たず」「人間のくず」「誰に食わせてもらっている」「お前は俺の言うことをきいていればいい」等の人格を貶める言葉による暴力。耐えかねて別れ話を切り出すと「別れると殺す」「別れると自殺する」「離婚しても一生つきまとってやる」と脅されるので、被害者は恐ろしさのあまり別居や離婚を思いとどまらざるを得なくなる。夜中に何時間も正座させられ、ずっと罵声を聞かなければならなかった、という報告も多い。

（3）性的暴力

性行為を強要する、不快な・屈辱的な方法で性行為をする、避妊に協力しない、見たくないのにポルノビデオ・雑誌を見せられる、中絶の強要などが相当する。また、筆者の被害女性の相談の経験では、浮気を繰り返す、買春、性風俗店通い、さらに、それに原因する性感染症罹患も性的暴力に含める必要があると考えている。これらは通常、性的暴力のリストに含まれていない。しかし、加害男性はこれらの行為によっても妻を計り知れないほど傷つけている。そもそも性的暴力とは、親密な関係において最も根源的なはずの sexual な局面で相手をぞんざいに扱い、人格を無視し、いやおうなしに屈辱感を与える行為である。それゆえ、これらの行為は、まさに性的暴力の定義に相当する。

（4）社会的暴力

買い物の制限、友人・実家などとの付き合いの禁止、手紙の無断開封、外出・電話の細かいチェック、などである。

（5）経済的暴力

生活費を入れないか極度に低い額しか渡さない、家計の管理を独占する、健康保険証を貸さない、働くことの妨害、などを指す。

（6）物を通じての暴力

タバコの火を押し付ける、怒って部屋の物を壊して脅したり、女性の大事にする写真・手紙・物品を捨てたり壊すことによって、精神的打撃を与える行為である。

（7）子どもを利用しての暴力

子どもを妻の監視に使う、子どもに暴力をふるう様を妻に見せる、子どもを取り上げると脅す、など。

注1　Asian Americans for Community Involvement のＤＶトレーニング・マニュアル（ミカエラ寮、一九九八年訳）

DVという暴力の性質

ＤＶは通常の夫婦ゲンカがひどくなった状態ではなく、その次元を遥かに超えた危険な状態である。ＤＶが夫婦ゲンカと区別できる重要な特徴について以下に述べる。ただし、ＤＶかどうかは特徴にのみ着目するのではなく、総合的な判断が必要であり、これらが全てあてはまるＤＶ、幾つかの特徴が該当するＤＶも存在する。

第一に、先程述べたように、セックスの強要や避妊の非協力などの性的暴力、男性との会話の禁止や外出・電話の制限などの社会的暴力、その他、ＤＶの暴力は女性に苦痛を与える広範なものと認識する必要がある。身体や言葉によるものに限らない。特に性的暴力は、暴力の行為者も受け手もそれを暴力と認識しづらいものである。しかし、無理やり性行為を強要される側にとっては、甚だしい全人格的否定である。避妊に協力しないことがなぜ暴力なのかと疑問に思う方もいるかもしれない。しかし、望まない妊娠による健康上のリスクという苦痛や、相手の自由意思の否定という側面を考慮すれば、これはまぎれもなく暴力なのである。

第二に、幾種類もの暴力が複合的に行使されているケースが多いという点である。

第三に、加害男性は常に暴力的な人物というわけではない。家の外では配慮ある穏やかな人物として通っていることも多く、大部分が暴力が向かう対象は親密な関係に限られている。そのため、女性が自分の暴力のことを他人に訴えても、他人から見ると申し分のない夫に見え、妻の接し方に問題があるように誤解されやすいのである。さらにまた、加害男性の特徴として後に述べるが、男性は女性の側の落ち度を責めたりするので、被害女性の側の責任性のほうに目が向きやすくなる。そのため被害女性は周囲の理解が得られずに孤立してしまいやすい。我々が被害女性の話を聞く場合、この点を十分理解した上で接する必要がある。

第四に、激しい暴力を振るう時期と、配慮のある優しい時期が交互に起こってくるケースが多いことである。DVの話で必ず触れられるのが《暴力のサイクル理論》で、この領域に重要な足跡を残したレノア・ウォーカーという米国の心理学者が提唱したものだ。彼女の著書『バタード・ウーマン』(金剛出版、原著は一九七九年)は、米国ではDV問題に携わる人々にとって古典と目される書物だが、多くの被害女性の聞き取り調査から暴力にはサイクルが存在することを発見したことが述べられ、それは関係者に大きな衝撃を与えた。

DVは三つの段階を繰り返すとされている。まず「緊張の蓄積期」でパートナーのストレスが蓄積され、些細なことにイライラがつのるが抑制された段階である。そしてついに抑制がはずれ、一気に暴力として表現される「暴力爆発期」がくる。さらに暴力後の男性は、謝罪して極度に優しくなり、贈り物をするなどの「ハネムーン期」がやってくる。やがて「ハネムーン期」はいつしか緊張が蓄積する段階へと移行するという具合に、外部からの強力な介入がなされない限り当事者たちの努力では実を結ばず、このサイクルは巡り続けていく。長期にわたるDVの中には、この三つの時期の交替が

次第に短縮し、ついには「ハネムーン期」が消滅して、緊張と暴力のみに終始するケースも存在する。（図1）

暴力的環境にとどまる女性は、暴力の責任が自分にあると彼から言われ続けているために、そう思い込んでいるので、暴力は男性が断ち切らない限り止まらないという「責任性の逆転」を行うのはとても困難になる。そのような彼を見限るのは信じがたい行為であり、「自分が至らないゆえの努力」を心の支えにしてきた自分を見捨てるように感じられるからである。しかし、これを被害女性の病理と考えるのは大きな間違いである。暴力のサイクルはそもそも誰が起こしているかを考えねばならない。それは加害男性が、被害者をつなぎとめるために無意識に作り出したメカニズムであり、暴力を予感しての極度の緊張、爆発的暴力、そして緊張緩和を適度に繰り返すことによって、

図1　ＤＶサイクル説

出典：『バタードウーマン　虐待される妻たち』（レノア・Ｅ・ウォーカー著／斎藤学監訳・穂積由利子訳、金剛出版、1997）

彼への見限りを生じにくくする戦略なのである。加害者への断ち難い思いは、被害女性の問題性ではなく、暴力と融和的態度の繰り返しを慢性的に加害者が強要した結果と理解すべきである。

第五に、被害女性側が精一杯の配慮をしたとしても、暴力が減少しない点も重要である。夫は暴力をふるうことによって、相手を支配する関係を必要としている。女性が暴力を誘発させない努力をいかに重ねても、加害男性は落ち度を責め、被害女性の努力は無効となる。女性は当然ながら事態を改善したいと努力するが、その努力自体を否定して精神的打撃を与えるために加害者側が女性の努力を利用するのであって、ＤＶの解決努力の姿勢がＤＶの維持に貢献してしまう。これは本当に作意に満ちた恐ろしいことである。

第六に、身体的暴力や精神的暴力に関しては、子どもが泣きやまない、仕事上のストレス、帰宅時に妻が直ちに姿を見せないなど、きっかけは何でもよく、まさに「理由なき暴力」なのである。妻の側は何が暴力のきっかけになるか分からないため、常に脅えながら生活を送らざるを得ない。男性の言葉の影響もあり、それを予見できない自分に非があると自責したり、慢性的な無気力に陥ることも多いのである。

加害男性の特徴

加害男性はDVのない男性と区別できる外面的特徴はなく、学歴・貧富の差・職業・社会的地位・年齢等は関係ないと言われている。一方、数多くの被害女性の証言から、驚くほど共通した加害男性の言動・行動様式が知られている。欧米の調査結果でも、加害男性がいかなる言葉を吐き、どのような暴力を女性に向けるかについて、まるで示し合わせたかのように似通っている。DV加害者は生きるために誰もが確保されるべき安心・自信・自由をパートナーから奪うために、全世界共通の技術をもっているのである。従来言われてきた加害者像について、その主なものを述べたい（注1）。

（1）責任転嫁

問題をすり替えたり、責任の所在を曖昧にしたり、責任転嫁をしたりして、それとはすぐに分かりにくいやり方を巧みに使うことが知られている。そして、いつも悪いのは相手であり、自分は被害者で迷惑していると主張する。

（2）暴力の否定

加害者のとらえ方では「大したことはしていない」「暴力とは言えない」と解釈、主張し、行為の事実を否定する。そのため、被害女性が暴力の存在を訴えても、女性のそのような言動を、自分が被害者として主張する根拠としていく。

（3）支配的態度

妻や子を養うことが自分の役割であり、責任であるという観念が強く、そのために家庭を維持していくための判断や決定権が、夫である自分のみに属すると信じている。妻や子どもが主体的な判断をもつことは自分の決定権がおびやかされることであり、激怒するとともに暴力に訴えることに発展する。

（4）嫉妬と所有欲

女性を自分の所有物とみなしており、相手が自由に人と会ったりすることを嫉妬し、許さない。相手が別離を切り出すと逆上してそれを阻止しようとし、それで思うようにならないとストーカー行為に及ぶことが多い。

（5）子どもの操作

子どもを自分の味方に引き入れようとしたり、直接身体的・精神的等の虐待の対象とすることもある。離婚の際には、親権を頑として譲らず、女性とのかかわりを続ける手段として使っていく。

（6）問題解決の拒否

暴力を自分の問題と認めないので、解決の努力を行わないか自分の心掛けの範囲内にとどめ、本質的解決を試みようとしない。米国では加害者プログラムの受講が義務化されているが、率先して自分を変える加害男性はほんのわずかで、脱落者が多いのが現実である。

（7）別離の際のストーカー行為と脅迫

加害男性は別れ際に頑な拒否とつきまとい行為をする傾向がある。一般に被害女性が最もひどい暴力を受けるのは逃げる際であり、加害男性は女性によりを戻すよう促したり、「別れたら殺してやる」「一生つきまとってやる」「別れたら死ぬ」などの言葉によって脅すなどの圧力をかけることが多い。

第三者がこれら加害男性の言動を表面的に聞くと、一応筋が通っていて、精神的に混乱しているようには見えず、むしろ女性側が騒ぎ過ぎで頑迷だと解釈してしまうことも多い。以上述べた特徴は、加害男性が女性に対して優位に立つために暴力をふるう特徴という説明に集約される。それは男性への役割期待（ジェンダー）、さらには社会的に男性が女性を支配する究極の形式としての暴力ととらえ、それをＤＶの暴力の由来と位置づける試みである。しかし、これらは加害男性の行動や認知の特徴を列挙しているにとどまっている。一人の男性がその内部でいかなるダイナミズムをもって暴力が顕現するか、加害男性と被害女性の間で暴力がどのような役回りを果たしているかについて、より構造化した説明が必要であろう。さらに、男性の大半はＤＶをしない人々であり、加害男性との違いについては、女性への支配欲・差別意識の強弱という程度にしか説明がつかない。個々の男性がＤＶを行うようになるのは、もっと多様な要因が関係しており、実際に男性のＤＶ離脱を促進するためにはジェンダー以外の要素も併せて考慮する必要がある。

注１　例えば『男たちはなぜ暴力をふるうのか』（女のスペース・おん・ブックレット）

フェミニストセラピストによるDV行為の説明

それに対し、比較的知られてはいないが、フェミニストセラピィの立場からジェンダー視点の切り口で男性心理を考察し、DV加害の本質を解明しようという試みも存在する。例えば、川喜田好恵は、ジェンダーに基づいた被害女性―加害男性の関係を次のように述べている（注1）。女性はいわば「愛情供給係」であり、相手の状態や心理を最善に保つことが課せられ、相手の不幸や不満は女性の責任とされる（例「浮気をしたのはオマエがオレをないがしろにするからだ」）。家族の情緒面の安定や幸せに対しての責任を一手に引き受けることはもともと不可能に近く、全責任を負わされる女性は、不安定な状況におかれ、場合によっては自責感につきまとわれる。さらにドイツの男性心理学者ヴィークを引用しつつ、次のように説明する。男性は「自分を満たし満足させてくれる」存在としての女性を求めることで情緒的安定をはかろうとするが、このような情緒的依存ゆえに自己嫌悪に陥る。そして女性が男性である自分の気持ちをなだめることに失敗した時に、男性は自分のイライラや無力感に直面せず、一時逃れするために女性を殴るという、DVの状況を引き起こす。

また平川和子は、男性の嗜癖行動（アルコール嗜癖・仕事中毒・ギャンブル嗜癖・セックス依存・等）について次のように述べている（注2）。嗜癖とは、本人にとって心身をそこなう行動の習慣で、次第に自分で止めることが困難になり、家庭生活や社会生活に支障をきたす性質をもつ。そして歪んだ対人関係の表れとしての嗜癖は、承認してほしい重要な他者やありのままの自分を断念するときに生じることが多く、そのような断念の際にわきあがる怒り・寂しさ・不全感を否認しようとする効果がある。これらの男性の行動様式は家庭生活と親密な人間関係を破壊する。そして同時に上記のような嗜癖の多くが、男性中心の社会システムを維持するための補完物であり、人間関係をスムーズに運ぶための代用物の役割を果たしており、ＤＶもそのような嗜癖の一つである。

ジェンダーが女性と男性の関係性にどう影響するか、ジェンダーが精神病理とどのように結びつくかという以上のような考察は、筆者の加害男性の暴力克服支援を通して得ている認識と十分整合性がある。

注１　川喜田好恵「ジェンダー意識の家族・家庭への影響と異文化接触に見る男性のジェンダー心理」『文化のこころ（多文化精神医学会誌）』３（２）、一九九九

注２　平川和子「バタード女性の心の傷と回復」『シェルター』（青木書店、一九九八）

米国の加害男性対策

ここで米国の加害男性対策について述べたい。一九七〇年代前半に限れば、ＤＶに対する理解と取

り組みは現在の日本と大差ない状況であった。米国では元々慣習法として夫から妻に対する暴力が容認されてきた。すなわち妻は夫の所有物と見なされ、意に添わない時は、夫はその親指よりも太くない棒で打ってよいことが夫の権利として認められていたのである。これは「親指のルール」と呼ばれたが、米国における反DV運動とは「親指のルール」を打ち破る運動であったと言える。一九六〇年代後半から、ベトナム反戦運動・公民権運動が高まる潮流とともに、女性の抑圧の現実を明るみに出し、不当な状況におかれている女性の尊厳の回復と援助の活動を推進する機運が活発化した。その中心は、レイプ、セクシャルハラスメント、そしてDVである。

一九七二年にはワシントンDCに最初のレイプ救援センターが設立されたのを皮切りに、一九七〇年代の米国で約六〇〇のレイプ救援センターが開設された(注1)。一方、DVの社会問題化の大きな一歩であるシェルター開設は、一九七四年ミネソタ州ミネアポリス市においてであり、一九八二年には全米のシェルター数は三〇〇を越えたという。近年の日本でも関心の高まりからDV問題に取り組む人々の増加は著しいが、このような米国の数字は驚異的ですらある。ドメスティック・バイオレンスという言葉は、このような中で夫などの親密な男性からの暴力を表す言葉として作られた。DVは医療や心理臨床に由来しているのではなく、女性の人権運動に発祥していることをまず理解する必要がある。

そして一九七六年には、ペンシルバニア州において、全米初の民事保護命令を含むDV規制の法律が成立し、これが本格的な加害男性対策の幕開けとなるのである。民事保護命令とは、危機状況に置かれた女性が裁判所に申し立てをすることによって、加害男性の退去命令と、被害女性や子どもなどに接近することや手紙・電話などの連絡を禁じる命令を出す制度であり、しかも男性が命令違反をした場合、刑事罰を科される制度である。警察も当初はＤＶを各家庭の事情と見なし、介入は消極的であった。加害者の放置は珍しいことではなく、逮捕を徹底せず、逮捕しても検察官の告発はまれであり、裁判所も保護命令を出し渋っていた。しかし、被害女性の負傷や死亡事件によって警察の姿勢が裁判で問われることになり、続々と警察側の敗訴となる結果を受けて、警察対応や裁判所の姿勢も厳格化していったのが一九八〇年代である。ＤＶが被害者を保護し援助することを主眼とした考えから、積極的にＤＶを犯罪と見なし、加害者の問題であるという認識の転換が行われた。

現在では、被害者からの通報が警察にあった場合、ＤＶユニットという専門の部署がその対応に当たる。ＤＶユニットの警官は定められたＤＶ事件対応のマニュアルの訓練を受け、継続訓練も義務づけられている。警察官は被害者の定める現場に駆けつけ、外傷があれば証拠撮影、被害者への安全確保と継続的保護や支援サービスの提示などがなされる。加害者には逮捕と緊急に出される保護命令規定による行動規制の提示がなされる。その後、起訴と裁判が行われ、刑務所収容や通所のプログラム受講の判決が出される。このようなシステムによって、加害男性を彼らが好むと好まざるとにかかわらず、確実に加害者プログラムの受講につなぐことができる。

注１　全国婦人相談員連絡協議会編『一九九九年ＤＶアメリカ・スタディ・ツアー』（二〇〇〇）

米国の加害者プログラムの実施状況

(1) 加害者プログラムの位置づけ

米国の加害者プログラムは大体グループで実施する。個人心理療法やカップルの心理療法は、多くの条件をクリアした場合に限定されている。この実施状況の背景、さらに筆者の実施している加害者プログラムとの関連については後述する。米国の通所プログラムは刑罰の代替および制裁プログラムという位置づけで行われ、治療というよりは、とるべき行動を教えるという再教育プログラムと呼ばれることが多い。日本において被害女性支援に携わる人々は加害者プログラムを再教育プログラムとしていることが多く、治療プログラムと言及するのは、平川他『シェルター』(青木書店)くらいで、極めて少数である。特に人権運動としてDV問題に取り組んできた女性にとって、加害者プログラムを治療と位置づけることに反対する方が多い。この治療と再教育の関係についても、後述したい。

(2) プログラム受講のシステム

このようなグループ・プログラムは、どのようなシステムで行われているのだろうか。プログラムの受講期間は、州によって六週間から五二週間までと大きく幅があり、プログラム内容も実施機関によって実に多様である。アルコール依存・薬物依存のある加害者には、それらに対応する治療プログラムも追加される。毎週一回のプログラム参加の受講費は加害男性が負担し、多くはその収入によるスライド制を採用している。ほとんどのプログラム受講者は裁判所命令での参加であり、自発的参加はどの機関でも一〇%に満たない。当然、反発・拒否感をもって参加する加害男性が多く中断者が後をたたない。病気等の正当な理由がなく欠席が重なると、基準に照らし合わせて刑務所に収容となる。

DV裁判所（DV専門の裁判所）が設けられているカリフォルニア州の加害者プログラムとの連動システムを紹介したい(注1)。DV裁判所では、検察局へ書類送検の後、保釈金額、接近禁止命令、処罰などが決定される。危険度の少ない加害者は保護観察下におかれて釈放となり、加害者プログラムの参加が判決として下される。加害者は暴力の程度によって、定められたプログラム受講期間（五二週間など）の間に毎週出廷しなければならず、加害者の問題改善状況をチェックされる。裁判官が直接プログラムでの体験や家庭での状況について質問し、保護観察人がプログラムの受講状況を報告し、改善が順調な場合は出廷回数が減らされる。何度か命令に従わなかった加害者は、裁判所での報告の際に保護観察処置の撤廃が言い渡され、その場で拘置所に連れ去られることになる。プログラムに参加しなかったり、命令違反をしたものは、軽罪の場合、最高一年間、拘置所で服役することになる。同州のある加害者プログラムの統計によると、二五五人の受講者のうち、妻へのDVが再発したケースは四・七%（一二件）であるとされ、DV裁判所が加害者プログラムと密に連動したシステムの効果は高いとされている。

(3) プログラム内容・効果に対する疑問

プログラム内容については、理論的裏づけ、技法とも千差万別の状況であると言われ、問題点も指摘されている(注2)。質の悪いプログラムの中にはただ出席すれば可とされるものすらあるという。NGOに加え、営利目的の民間カウンセリンググルームなどによって、DV問題に対するトータルな視点が不足したプログラムも実施されている。宗教に基づいたカウンセリング、怒りのコントロール法、AA(alcoholic anonymousアルコホリック・アノニマス)などの自助モデル等の加害者プログラムは、被害女性支援の立場から女性の安全保障や暴力行為の責任追及がおろそかになるとの批判がある。加害者プログラムの基準の必要性が長く叫ばれており、一九九四年にカリフォルニア州では法律で基準を定めた。

しかしこのような加害者プログラムの効果に関しては、多くの調査にもかかわらず結果はまちまちである。三年間の非再犯率が一般に効果の基準として採用されており、高い数字では三〇%という数字もあるが、三~五%(これは再犯率の数値ではない!)というデータが多く、効果を疑問視する声もあるのが実情である。先述のカリフォルニア州の非再犯率の数字は極めて例外的である。確かにプログラム内容も幅が広く、プログラム受講期間も州によって長さが相当異なり、カリフォルニア州のようにＤＶ裁判所と加害者プログラムとの密な連動システムを採用する地域とそうでない地域など、プログラムの効果を測定すると言っても、効果に影響する要因にバラツキがありすぎて、単純な比較は意味がないに等しい。このように一般に効果が低いとされる加害者プログラムの存在意義は何か、効果が低い要因は何か、このような米国の実情を踏まえて日本での加害者プログラムをどのように実施したらよいのかについては、改めて考察する予定である。

(4) 加害者プログラムの担い手

以上のような加害者プログラムを実施する機関は全米に広がっており、ＮＧＯが州政府から補助金を受けながら運営している。このような米国での加害者対応は、その実効性はともかく、総体的にパートナーへの暴力は断固として抑止するという強い決意のもとに実施されていると言える。実際、警察通報後の加害者逮捕から裁判、強制的なプログラム受講という流れは、日本人の考える暴力を伴うトラブルへの対応とは全く異なるようである。特に身体的暴力が少しでも起こった際には、その経緯やきっかけを考慮せずに割り切った対応がなされ、加害男性は逮捕される。それは実に徹底したものであると聞いている。

また、米国では軍がＤＶ対策に力を入れている。軍隊は同じ人間を敵と味方に分け、相手の殺傷を目的とする人間を作り上げる。当然軍人は他者に対して暴力的になる訓練を継続的に受けることになり、それは妻に対して暴力を引き起こすリスクを高める。軍人家族へのサポートシステムとして、夫のDVチェックと、DV被害時の妻と子どもへのケアに取り組んでおり、夫の加害行為への介入を中心に扱う精神科クリニックが設置されている。これらは軍隊が存在する前提では最低限必要なシステムであると思われる。しかし、本来DVを減少させるためには軍隊の廃絶の方が効果があるはずであり、これらのDV対策は本末転倒であるとも思える。一方、日本において自衛隊が組織され続けていることが、隊員と妻の間に起こるDVに影響するという視点は恐らく皆無であると思われる。自衛隊員の自殺の問題が注目され、その対策としてカウンセリング制度の導入が検討されたが、旧来の隊員管理の立場から強い拒絶反応があると言われている。そのような事情から自衛隊員と家族へのDV対策は手つかず状態であると推察されるのだが、これは大きな問題であると思われる。

注1　西尾和美「家庭内暴力専門のDV裁判所——米国のこころみ」『アディクションと家族』(16)1,1999

注2　吉浜美恵子「アメリカにおけるドメスティック・バイオレンスの取り組み」『民間女性シェルター調査報告書　アメリカ調査編』(横浜女性協会、一九九五)

米国の加害者プログラムの内容

米国の加害男性に対するグループ・プログラムは、当初裁判所の命令によって、刑務所内で性的犯罪者への強制治療として実施され、洞察を主眼とした心理療法、認知行動療法、行動修正的アプローチ等として発展したものを、DV領域に拡大して実施される中で成立した。加害者プログラムを担うNGOの最も古いものはボストンの「エマージュ(EMERGE)」で、その実践開始は一九七七年であり、この年が本格的な加害者プログラムの起点であると言えよう。それでは米国で実施されている加害者プログラムとは、具体的にどのようなものであろうか。比較的広範囲に実施されているアプローチとしては、ミネソタ州ドゥールース市の虐待介入プロジェクトの「ドゥールース・モデル」や、「怒りのマネージメント法」である。この二つを文献(注1)と、筆者が米国のカウンセラーより加害者治療に関する研修を受けた経験(注2)から、以下にその一部を紹介する。

(1) ドゥールース・モデル

プログラムの基本となるのは、日本でもDVに関する書物でよく引用される「パワーとコントロールの車輪」に「非暴力と平等の車輪」を対応させた関係図である。それぞれ八つの部分で構成されている車輪は、よく見ると二種類の車輪において対応する関係にあることがわかる。例えば、「暴力の車輪」の「抑圧と脅迫」の行動様式をもった加害男性は、「非暴力の車輪」の「交渉と公平」の行動様式を身につけることが必要となる。加害者がDVから脱却するための目標をこのように体系化し、それぞれのテーマに関して二~三回で終了する教育プログラムを実施する。このような「非暴力の車

【非暴力の車輪】

非暴力
交渉と公平
対立の際に、双方が共に納得し合意できる結論を求める／変化を受け入れる／歩み寄りの姿勢を持つ
脅迫的でない振る舞い
女性が安全と感じ、安心して自分の気持ちを表現し、行動できるような話し方と行動
経済的な協力
金銭に関することがらを共に決定する／パートナー双方が利益を得られるような金銭的合意
敬意
女性の言うことを批判せずに聞く／感情的に受け入れ、思いやりを持つ／意見を評価する
対等
責任の共有
仕事の分担について相互に合意する／家庭内のことがらを共に決定する
信頼と支援
女性の人生における目標を支持する／感情、友人、活動、意見に関する女性の権利を尊重する
責任ある育児
親としての育児責任を共有する／子供に対し肯定的で非暴力的な模範となる
誠実さと責任感
自身に責任を持つ／過去の暴力行為を認める／過ちを認める／率直かつ誠実に話をする
非暴力

【暴力の車輪】

肉体的
暴力
性的
抑圧と脅迫
女性を傷つけると脅迫する／別れる、自殺する、福祉機関に連絡すると言って脅す／非難を取り下げさせる／女性に違法な行為をさせる
威嚇行為
外見、行動、身振りなどで女性を怖がらせる／物を破壊する／女性の持ち物を壊す／ペットを虐待する／武器をちらつかせる
経済的虐待
女性が仕事を持つことや続けていくことを阻む／女性にお金を下さいと言わせる／女性に小遣いを渡す／女性のお金を取り上げる／女性に家計所得を知らせない、また触れさせない
精神的虐待
けなす／女性に自己嫌悪をいだかせる／罵る／女性に自分がおかしいと思わせる／心理戦に訴える／女性に屈辱的な思いをさせる／女性に罪悪感を覚えさせる
力と
コントロール
男性特権の行使
女性を召使のように扱う／重要事項の決定を独断で行う／城主のように振舞う／男女の役割を定義するのは自分であるとする
隔離・孤立
女性の行動、会う人や話す相手、読む物、行く場所を管理する／女性の外部との接触を制限する／嫉妬を行為の正当化に用いる
子供を利用する
子供について女性が罪悪感を覚えるようにさせる／伝言のやり取りに子供を利用する／子供の訪問権を利用して女性に嫌がらせをする／子供を連れ去ると脅す
軽視、否定、非難
虐待の事実を軽視し、女性の訴えに対し真剣に取り合わない／虐待は起きていないと言う／虐待的行為の責任をすりかえる／女性側に責任があると言う
肉体的
暴力
性的

図　2　　DOMESTIC ABUSE INTERVENTION PROJECT
206 West Fourth Street, Duluth, Minnesota 55806

輪」を一周することを通じて、パートナーを尊重し、対等な関係を身につけていくのである。継続的な暴力がいかに女性に恐怖感をもたらすかの理解のために、シェルターに保護された女性の姿や語りを収録したビデオを加害男性に見せ、脅迫的でない振る舞いの必要性の認識を高めるプログラムも行われる。

(2) 怒りのマネージメント法

◆タイムアウト法

加害男性にとって、怒りが増幅してきた際に、暴力行為を回避する緊急対応法である。抑えられないほどの怒りを感じた時、まずパートナーといるその場を離れる。そして自分にとって気持ちを落ち着かせるための行為、例えば、飲料水を買って飲む、本屋で立ち読みをする、一人で自転車をしばらく乗り回す、などのリストを作り、それらを適時実行することにより、自分の怒りを収める行動を身につける。

◆怒りのサインの気づき

加害男性が怒りを感じている時は、相手の方に注意が向きやすいものである。自分の怒りの状態に気づかなければ、タイムアウトすらままならない。そこで自分の緊張やストレスが溜まり、怒りが爆発しそうな時に、自分の体の感覚がどうなっているかについて、グループで話し合い、自分の怒りの状態の身体感覚を明らかにする。例えば、胸が熱くなっている、頭が締めつけられている、心臓がドキドキするなどである。また、自分の怒りの度合いを温度計でイメージ化し、自分の暴力まで至りそうな危険度をはかる手立てにする実習なども含まれる。すなわちこの種の実習では、自分の怒りのサインに敏感になり、怒りのコントロール不能状態からの脱却を目指すのである。

◆セルフトークを肯定的なものに変える

パートナーと口論している際に、相手を非難する信念や言い分(セルフトーク)が必ず存在するが、それが怒りを増幅させていることに気づく実習を行う。実習では「怒りの記録」のワークシートが用意され、怒りの引き金となる出来事の記入欄、危険度のレベルの数字の記入欄、怒りを増幅させるセルフトークの記入欄、怒りを減少させるセルフトークの記入欄が記されている。例えば、子どもと週末どこへ行くか妻と話し合う時、暴力に発展したことが何度もあるので、そのことを引き金の欄に記入したとする。その危険度レベルの数字を仮に5と評定し、その時の頭の中にある強い言い分は「妻は自分の主張ばかりする。オレをバカにするな」なので、それを「怒りを増幅させるセルフトーク」欄に記入する。そして同じ出来事に対して「怒りを減少させるセルフトーク」を考え、例えば「妻の考えは自分と違ってもいい。二人の考えを併せて決めよう」と記入する。ここでの眼目は、妻の言動によって強い怒りが起こるのではなく、加害男性自身の内なる言葉かけ(セルフトーク)によって強い怒りが起こるという認識の転換である。男性自身のセルフトークを変化させることによって、強い怒りを回避する実習であると言える。

◆怒りの日記を書く

これは以上の怒りのマネージメントの総合版とも言うべきもので、強烈な怒りの経験を分析して書く実習である。「出来事」「怒りの危険度レベルの数値化」「身体的反応」「タイムアウトをとったか」「怒りを抑圧したか」「怒りを増大させたか」「方向をどう変えたか」その他の項目に分けた表に書き込み、怒りに対して自分がどのように対応したかの総合的な記録をつけ、怒りへのコントロールを高めていくものである。

注1　後藤弘子「第3章第4節　刑事法の視点から　アメリカのDV対応プログラムから日本が学ぶこと」、「第2章ドメスティック・バイオレンス加害者への対応～アメリカシアトル市およびキング郡における取り組み」『研究会報告3：DV加害者への取り組み―アメリカでの手法を参考にして―』（アジア女性基金、二〇〇一）

注2　一九九八年三月、トーマス・スミス氏が講師のDV加害者の心理療法に関する研修会（日本現実療法学会主催）による。トーマス・スミス氏はコロラド州スプリング市「家庭暴力防止センター」元ディレクター、虐待者のための治療センター「MOVE(Men Overcoming Violence)」の共同創立者でもある。警察関係者・裁判官とともにDV加害者に裁判所がプログラム受講を義務づける制度を確立するために力を尽くした。

米国の加害者プログラムの評価――低いモチヴェーションの問題

加害男性は以上のようなプログラムを受けながら、DV離脱を図るよう求められる。しかし長年このようなプログラムが実践・研究されてきたにもかかわらず、先述のように実効性は上がっていない。カリフォルニア州のDV裁判所との緊密な連動システムを機能させている場合を除き、加害者の3年間の非再犯率が数％程度という報告が多い現実は、加害者プログラムを実践する上で非常に厳しいものと言える。これらプログラム受講に関する加害男性の反応は次のようなものである。プログラム内容を理解し修了する人々の大部分は、それをうまくやり遂げることに習熟し、プログラムへの適応は良好である。二～三割の加害者は少なくとも身体的暴力は止まるとの経験を語る実践者もいる。しかし保護観察が解けてしばらくはパートナーとの関係が良好でも、終了後の期間が長くなればなるほど、DVが再燃する傾向がある。また、少ないながら加害者プログラムの経験を積極的にとらえ、家庭での大きな問題を解決していくよい契機になったことを感謝する者も存在するようである。一方、プログラム内で反発する者、正当な理由でない欠席、受講料の未払いも多く発生し、その結果除籍になり、刑務所に収容される者も数多い。

人間の問題解決力を高め、望ましい方向に変化を促す際に最も重要な要素は何であろうか。筆者のような心理療法に携わる心理臨床家にとって、何をおいても経験上第一に挙げるべきはモチヴェーションである。すなわち、問題を放置せずにぜひとも改善したいという意欲のことである。問題を見つめ自分を変えるのは億劫で、必然的に何らかの苦痛を伴うものである。人間は「自分がやりたいこと」は実行し、「自分がやりたくないこと」は実行しないものである。望ましい方向に人間が変わるためには、変わることの苦痛を押しのけてでも、パートナーとの良好な関係を望みたいという意欲が不可欠である。

心理療法、加害者プログラム、内容・領域は異なってもモチヴェーションが低いところに十分な成果など生まれはしない——これは疑いえない大原則なのである。自分には問題がなく彼女によって暴力が起きるので、自分は迷惑しているという責任転嫁、暴力は大したことではないという過小評価を伴う加害男性は極めて多いため、改善したいという意欲は低い。そのような男性を法律により、強制力をもってプログラムにつなぐ。そこで生まれるモチヴェーションは、刑務所に収容されて、職業や自由な社会生活を奪われたくはないという後ろ向きの意欲である。むろんプログラム受講を通じて、DVの重大性を認識し、問題解決の必要性に目を開く者もいるだろうが、これが出発点であれば多くは期待できない。これは、米国の全男性に対して「DVがいかに悲惨なものであり、社会を挙げて撲滅の努力が必要であるか」「男性にとってもDV問題がどれだけ重要なものであるか」という啓発活動の成果が薄いことに原因がある。それゆえ、学校教育の段階からのDV啓発プログラムの必要性が叫ばれ、少なからず実践されているようであるが、その効果が現れるのはいまだ時間を要すると思われる。

米国の加害者プログラムの日本への移入の際の問題

これまで紹介した加害者プログラムは、筆者のそれとは大幅に異なるものである。筆者がDV加害男性の心理療法の方法論を整備し、臨床経験を蓄積すればするほど、プログラム内容や運営上の相違が何によって生じるかが理解できる。米国のドゥールース・モデルが長期にわたる実績があるといっても、そのまま日本で展開するわけにいかない。それがどのような要因によるかについて、以下に述べたい。

(1) 文化差の問題

これまで紹介したプログラムは言語化して書く種類のものが多く含まれる。さらに、次の項で述べる「エマージュ」のプログラムでは、参加する男性同士が積極的に議論や主張を行い、カウンセラーが直接言語的に指摘するなど、積極的に言語化することを前提としてプログラムを構成している。これは米国は言葉による自己表現が第一に求められる社会であり、自分の存在をアピールし、価値を認めさせる行為なしに何事も立ち行かない文化であることが背景にある。日本人が非言語の要素を大切にする文化をもつ点と比べると、米国のような積極的な言語化を求められるプログラムは不向きであるように思われる。

(2) 治療構造の相違

ここで心理臨床の用語である「治療構造」について、ぜひ理解していただく必要がある。筆者のような心理療法家にとって、治療構造は相手の変化を促進する上で考慮すべき極めて重要な要素である。例えば、セッション(注1)が有料か無料かによって、受け手の意識もセッションの進め方も異なってくる。一般に有料の場合、身銭を切るだけに成果を得たいというモチヴェーションが高く、無料の場合モチヴェーションは低下する。有料の場合、専門的で効果のあるアプローチも可能だが、無料では低モチヴェーションのため高度な専門的なアプローチを受け入れて実践することは難しい。以上のように、心理療法を進めるにあたってのアプローチ内容、方針など、様々に影響を与える要素が治療構造と言われるものである。また、セッションをグループで行うか個人で行うかは、重要な治療構造上の相違であり、セッション受講に法的強制力があるか否かも、重要な治療構造上の相違である。

この治療構造の概念を理解しないと、米国でグループ・プログラムが実施されているので、日本もグループで行うものと無自覚に考えてしまう。しかし、以上のような治療構造の要素を考えた場合、日本の現状では必ずしもグループで行う必要はなく、むしろ個人単位のプログラム(個人心理療法)の方が重要であると筆者は考えている。米国のプログラムが法的強制力をもつという治療構造は日本と決定的に異なり、プログラム内容や運営上の相違を生む。米国ではプログラムの脱落者は刑務所行きであるから、ある程度厳しいプログラムでも加害男性は取り組もうとする。定められた期間受講するのであるから、ステップを一段ずつ上がるような内容構成をとることができる。日本は自発的な参加であり、加害男性をプログラムにつなぐ強制力がないので、休みや脱落も自由であり、ステップごとのまとまりある内容を何十週にもわたって組んだり、直面化を強く迫る内容には無理がある。

(3) 変化の深さについて

先ほど紹介した米国のプログラムによって生じる変化の度合いは、心理療法を長年実践してきた立場から見ると、概して表面的である。仮にこのようなプログラムを通じて、行動様式の修正、パートナーへの不適切な認知の修正がなされたとしよう。しかし、その行動様式や不適切な認知は、背景にある内面の感情のダイナミックスと深くかかわっており、何割かの男性は子ども時代の被虐待経験等の拭いがたいトラウマとも連動した問題であるが、これらの側面の解決は手つかずで残される。そのために、いったん受講による成果をもって終えたとしても、しばらくはDVを引き起こさないが、元に戻りやすいと考えられる。しかし、参加者は学歴、変化への抵抗の程度、内省力、モチヴェーション、背景の問題性（例えば、親世代にDVがあるか否かで困難度は格段に異なる）もまちまちである。グループで一括して対応する方式である以上、誰でも取り組める分かりやすい内容である必要があり、このようなある程度表面的な変化にとどめざるをえないとも考えられる。

米国の加害者プログラムがグループ中心である理由

（1）低モチヴェーションの参加者はグループ・プログラムが有利

米国方式では、本人の意志に関係なく基本的に全ての加害者に脱ＤＶの可能性を開き、程度の差はあれ暴力の抑止を行うことができる利点がある。そのかわりモチヴェーションが備わった少数の男性以外、自発的で積極的な参加にならないという問題が生じる。個人単位のプログラムは本人のモチヴェーションが備わらないと有効に進められないため、強制的な受講システムのもとでは極めて効果を上げにくい。従来米国で、加害男性の個人心理療法がほとんど有効でないとされてきた要因は、まさにこの点に由来する。

一方、グループ・プログラムはモチヴェーションが必ずしも高くない参加者を扱うことが可能である。参加者には意欲のある方とない方が混在する。意欲の高い参加者がパートナーの関係改善のために必要な認識を獲得していき、自らの振る舞いを変えていく様子を、意欲の低い参加者が見ることは、自らのあり方を省みる刺激となる。高い意欲の方が意欲の低い方をリードし、良好なモデルとなりうる。また意欲の低い参加者同士でも、他者の振る舞いを目にし、治療者が必要な気づきを促すような介入を行うことができる。このように、低モチヴェーションの加害男性に対応するにはグループが適している。

(2) 膨大な加害男性数

一方で現実的な問題が存在する。法学者の石塚伸一は米国の法治政策の流れを次のように述べる(注2)。一九七〇年代前半、R・マーチンソンによる犯罪者の社会復帰の効果が見られないという衝撃的な報告が発表された後を受けて、刑事司法における社会復帰理念に批判が向けられた。その後一九八〇年代に第二次ベビーブーマーの年代による犯罪が増加した。レーガン政権下で「法と秩序」を重点に据えた厳罰主義の刑事政策が展開、刑務所人口は激増する。一九九〇年代のクリントン政権もこの流れを引き継ぎ、重罪を三回犯した者を自動的に終身刑に処すことを定めた『三振法』が制定される。その結果一九九〇年代後半には、全米の刑事施設の被収容者総数は約一七〇万人、保護観察中の者を含めて約六〇〇〇万人が刑事司法機関の監視下にあるとされる。例えば一九九〇年代後半の一時期、カリフォルニア州の刑務所では、四〇〇〇〇人収容に四七〇〇〇人が入所となり七〇〇〇人の超過状態に陥った。中には有害薬物摂取も横行し、十分な監視が行き届かない大規模な刑務所も存在するという。このような状況では加害男性の厳罰化による刑務所収容は限界があり、保護監察下で在宅の通所プログラムを受講する方式に力を入れざるをえない。そして膨大な加害者が後をたたないので、グループで一括して多数の加害男性に対応する以外、現実には困難であろう。

(3) スタッフの安全性確保

加害男性はストレス状況下で暴力行為を選択する可能性が高い。法的な縛りのあるプログラム受講時は、拒否的な男性にとって、まさに望まずして自分の責任性に向き合わねばならないストレス状況であり、スタッフが暴力被害を受ける危険性がありうる。あらゆる条件下の加害男性が参加するシステムでは、個人セッションを行うとしても、その適合性を十分に判断しなければスタッフが危険に晒されかねない。それゆえスタッフの安全を確保するために、複数スタッフが対応するグループ・プログラムを採用する必要がある。

注1　個人のカウンセリング、心理療法、グループ・プログラムなどが、一つのまとまりとして設定する時間(例えば、カウンセリングならば50～60分など、グループ・プログラムならば2時間など)のことをセッションと呼ぶ。

注2　石塚伸一「犯罪者の社会復帰と自助グループの役割——国家的パラダイムから市民的パラダイムへ」『法学セミナー』(五四八、二〇〇〇年)

「エマージュ（EMERGE）」のプログラムの問題点

さらに米国の加害者プログラムの中には、その報告を読むと、筆者の長年の臨床経験からどう考えても疑問を感じざるをえないプログラムも存在する。加害者プログラムの最も歴史ある「エマージュ」が実はそうである。ただし「エマージュ」の活動の全体、つまり加害者プログラムの実施システム、スタッフ養成の短期コースの開催、関連諸機関の現場職員への教育、プログラムの現場指導等は長年の蓄積を感じさせるものであり、この点に不賛成なのではない。問題点は後に紹介するセッションでの介入法やグループの進め方にある。

プログラムは段階的に設定、初心者コースは第一段階8回、第二段階40回、計96時間である。これはグループ討議を中心とし、一回2時間週一回ペースで受講し、料金は一回20～60ドルで収入に応じて決定される。セッションでは、あらかじめ参加の際のルール設定（遅刻禁止、前後24時間の酒・薬物の禁止、セッションでの大声・暴力の禁止）がなされている。「エマージュ」ではDVを社会文化的に身につけた行動であると考える。男性による女性へのコントロールを正当化する認識がDVの背景にあり、その認識を変えるための再教育プログラムと位置づけている。このプログラムの目標は次のようなものである。

・暴力は自分で「選んで」やっている行動であるから、たとえどんなに感情的になっていても、暴力を振るわないという「選択」ができるということ。
・これまでと違う方法で妻（恋人）や子どもとのコミュニケーションができるようにする。
・家族の願いに耳を傾け、意見を尊重すること。
・自分の暴力が妻（恋人）や子どもにどんな影響を与えたかを知ること。
・暴力行為につながる態度や考え方を自覚し、それを変えていくこと。（注1）

さて、このような構成や背景の考え方をもとにして、実際にセッションがどのように展開されているであろうか。梶山寿子『女を殴る男たち』（文芸春秋、一九九九）では、次のようなセッション場面が紹介されている（一六六〜一六九頁）。

＊

参加者はまず順番に、先週、家族や恋人と自分の間に起こったこと、自分の感じたことを発表する。どこへ行った、誰とどんな話をした、と細部にわたりじっくりしゃべるので、最初の一時間はそれだけで終わってしまう。（中略）こうして発言が一回りすると、カウンセラーがあらかじめチェックしていた各々の問題行動を指摘し、フィードバックをする。参加者同士がお互いに意見をぶつけて議論し、カウンセラーがその舵取りをするのである。たとえばこんな具合である。
「どうして、その問題で言い争いになったんですか」（カウンセラーA）
「アイツがあんなつまらないことで腹をたてるからいけないんですよ」（ヒスパニック系30歳代の男性）

「〝つまらないこと〟かどうかは、彼女の立場にならないとわからない。あなたが自分で〝つまらない〟と勝手に決めているだけでしょう。それがコントロールなのです」（カウンセラーA）

「あなたは彼女がどう変わるべきかはよく分かっているけれど、自分が変わらなければならないことを理解していないようですね」（カウンセラーB）

「ちがうんだ。そんなことじゃなくて……」（ヒスパニック系30歳代の男性）

「わかっていないね。今までのセッションから、あなたは何も学んでないじゃないか。僕らは自分自身に問題があるからここに参加しているんだ。それに、自分のどこが悪いのかがわかっていれば、ここに来る必要はなかったはずだ」（隣のヒスパニック系20歳代の男性）

「（興奮して）わかってるよ！　あぁ、わかってるさ！　オレはアイツを殴ったよ！」（ヒスパニック系30歳代の男性）

「殴っただけではありません。あなたの態度すべてが問題だったのです」（カウンセラーA）

「このプログラムは、あなたを通じて、あなたのパートナーを変えるためのものではなく、あなたの態度を変えるためのものなんですよ」（カウンセラーB）

次に、別の男性は妻と妻の両親の関係を話し始めた。両親の前ではその男性もおとなしくしているため、彼の暴力を信じられない両親は、逆に、「おまえが大袈裟なんじゃないの？」と娘（妻）を責めているというのだ。

「奥さんのご両親は、あなたの過去の（暴力的）行いを知っているのですね」（カウンセラーA）

「ええ、知っているはずです」（白人40歳代の男性）
「それでも、奥さんのご両親とあなたの関係は良好なのですね」（カウンセラーB）
「そうです」（白人男性）
「玄関の前では奥さんを激しく罵っていても、ご両親の家の中に一歩入ると、わざとおとなしくしていると、おっしゃいましたね。つまり、こういうことなのです。奥さんのご両親の前で自分を偽ることによって、あなたは状況を操作しようとしている。奥さんをご両親から引き離そうと仕向けているのです」（カウンセラーA）

このようなやりとりによって、相手をコントロールしてはいけないこと、相手の立場に立って物事を考えること、何事もすべて自分の思い通りにはならないことを学んでいくのである。

*

さて読者はこのセッションにどのような印象をもつであろうか。例えば「アイツがあんなつまらないことで腹をたてるからいけないんですよ」（ヒスパニック系30歳代の男性）／「〝つまらないこと〟かどうかは、彼女の立場にならないとわからない。あなたが自分で〝つまらない〟と勝手に決めているだけでしょう。それがコントロールなのです」（カウンセラーA）というやりとりがある。明らかにこの男性の姿勢は不誠実で、このカウンセラーの発言内容は正しい。しかし、自分の問題に向き合う際に抵抗感のある参加者に対して、カウンセラーの行う介入の形式としては極めて不適切である。このように言動を正面から否定するやり方は、モチヴェーションの低い者への対応としては技術的に稚拙であり、明らかに誤りである。筆者が長年携わってきた集団心理療法には、このような変化への抵抗感のある参加者に対し、その抵抗感をも活用しながら、モチヴェーションを高め、自分の問題への直面化を促進するための、非常に巧みな介入技法が数多く存在する。そのような目から見ると、この「内容的に正しい」介入は、彼の変化を困難にするのに役立っていると言えるほどである。非常に逆説的なことだが、人間が変化する際には、正しいことはむしろ役に立たないのである（注2）。

これは、加害者プログラムの受講システム・目標設定等が誤りなのではなく、具体的なセッション運営方針や介入方法が誤りなのである。変化に有益でない方法を採用しているにもかかわらず、その効果が薄い原因を参加者の問題性に求めるとしたら、それは本末転倒である。法的拘束力があるために加害者は継続して足を運び、「エマージュ」のプログラムは成立し続ける。問題性の低い加害男性の中には、目標とする認識や行動の変化が生じる者もいるに違いない。しかしこのようなセッション運営では、プログラム内の適応にとどまる者が圧倒的多数となることは、容易に想像できる。

長期の実践にもかかわらず、なぜこのような事態が生じているのであろうか。DVが女性の人権運動に起源をもつことは既に述べた。この最も古い「エマージュ」のプログラムは、そのフェミニズム運動に呼応した男性による活動が結実したものである。それゆえ、男女差別というDVの文化的要因を乗り越える男性運動として、プロ・フェミニズム（親フェミニズム）の立場が濃厚である。そのため、男女差別意識の変革という目的から発言内容に重きがおかれ、参加者の抵抗克服のための技法の蓄積には至らなかったものと思われる。しかし、DV加害は否認や抵抗との戦いであり、加害者プログラムの実践者がこの点を効果的に改善する技術を洗練させることは、必須の課題なのである。

この「エマージュ」の実践は、一九九六年十月に北海道で《駆け込みシェルター国際シンポジウム》が開催された際に、チャック・ターナーによって紹介された経緯がある（注3）。それ以来、長く被害者支援に携わってきた立場からは、「エマージュ」のプログラムを支持する人々は多いようである。以上述べてきた男女差別の観念の解消と被害女性に対する理解を強烈に押し出している点が、日本で社会構造の変革を目指す人権運動に取り組んできた立場から共感を呼ぶのであろう。特に、加害男性に対して、考え方の変更を正面から強く要求する「エマージュ」の介入方法は、被害女性が苦汁を味わってきた歴史を断ちたいという思いからは、非常に魅惑的に映ったとしても無理はない。しかし、「エマージュ」のプログラムの最終目的は正しくても、残念ながら最も効果の望めない方法なのであり、本当に加害男性の変化を願うならば、この〝魅惑的に映る〟思いを振り切って、より洗練された方法論へと関心を向ける時期が、すでに到来しているのである。

注1『男たちはなぜ暴力をふるうのか』（女のスペース・おん・ブックレット、一九九八）
注2　河合隼雄『こころの処方箋』（新潮社、一九九二）
注3『駆け込みシェルター国際シンポジウム報告集』（一九九七）

日本で従来「男性の暴力は止まらない」と言われてきた理由

加害者プログラムの義務化がされている米国でさえ、以上のような実情である。それでは、法的拘束力のある加害者プログラムの実施が当面望めない日本において、加害男性の暴力克服は全く望み薄であろうか。その疑問に答える前に、まず従来言われてきた「男性の暴力は止まらない」との認識に修正が必要であることを述べたい。

我が国でのＤＶ問題は、一九八五年に横浜市内で初めての民間シェルターが設立された（注１）事実からも分かるように、一九八〇年代からわずかずつ取り組まれてきた。婦人相談所では「逃げ母子」と称された対応困難ケースで、夫の暴力問題に婦人相談員は出会ってきた。シェルターでは、夫が避難した妻を追って所在をつきとめ、怒鳴り込んでくるケースを覚悟せねばならず、スタッフは体をはって被害女性を守ってきた。弁護士も、暴力を伴った結婚生活に終止符を打つための家庭裁判所の調停や離婚裁判で、事実の捏造や妻への責任転嫁を惜しまない夫と闘ってきた。筆者も、胸がつまるほどの被害女性からの訴えを相談電話で毎日のように聞きながら、「ここまでのことをして全く平然としているのは人間と思えない」と感じる現実は数多い。まさに血も涙もない、人間として認識することも疑われる加害男性が驚くほど多いのである。それゆえ被害者支援に携わる方の「私は暴力を止めようとする男性には会ったことがない」「このような男性にカウンセリングを行っても効果があるとは思えない」という実感は、当然だと思う。

それでは筆者が実施している加害者の暴力克服支援は、全く無駄な努力に終わるのだろうか。現実はそうではない。プログラムに参加する男性は着実に増えており、その成果も少なからず上がっている。しかしそうだとすると「男性の暴力克服など見込みがない」との認識と、筆者の実践との関係について明確な説明が必要であろう。結論からいうと「男性の暴力は〝絶対に〟止まらない」という認識は誤りである。この認識が生まれた要因は次の二つであると考えられる。

（1）男性にとって暴力克服の必要性があるとの啓発がなされなかった。

（2）暴力克服のための有効なアプローチが存在せず、加害男性への専門的対応が可能な相談・医療機関もないため、意欲のある男性が稀に現れても受け皿がなかった。

（1）は啓発の問題である。現在は新聞・TV・雑誌等を通じてDV問題が頻繁に報道され、DV関係の本の出版が相次ぎ、男性にも情報が届いて、問題を直視する加害者が徐々に増えているのである。適切な情報というのはまさに力である。妻がどれほど訴えても、以前は夫が耳を貸すこともなかったが、夫側の責任であるとの根拠物件が現れ始めたのである。しかし、問題を頑として認めない者が圧倒的多数で、おそらく意欲ある男性は現在も一割に満たないであろう。筆者のプログラムに訪れる加害男性は、そのような数少ない層である。シェルター・スタッフ、弁護士、婦人相談員等が従来出会ってきた加害男性は、筆者の元を訪れる加害男性の層と全く異なるのである。それゆえ、意欲ある加害男性というのは、被害女性支援の方には全く実感のないものと思われる。

（2）は専門家側の努力不足の問題である。筆者のような心理臨床家にとって、DV加害男性への心理療法は実に手ごわい問題である。かつては取り組みを開始しても加害男性が訪れるかどうかわからず、ＤＶ加害を有効に解決するための方法論が未開拓であった。一部の方を除き、残念ながらほとんどの心理臨床家は保守的で、新しい分野を開拓する姿勢には消極的である。さらに女性の人権運動家からの反発も予想されるため、この分野に踏み込むのを躊躇してしまう。それゆえ、筆者の実践以前には、誰も本格的にＤＶ加害者治療を手掛けようとする者は出現しなかったのである。

要するに、当の男性に自分を変える意欲がない、その上、変えるための有効な方法論も専門機関も存在しない、これでは「男性の暴力は止まらない」のは当然であった。元来、カウンセリングや心理療法というものは、①十分なモチヴェーションがある／②当該の問題に適した方法論がある／③心理臨床家の技量が一定水準以上ある、という三条件が整えば成果が上がるようにできている。成果が認められないとすれば、この三条件が整っていないのである。しかし現在はわずかながら状況は好転し、先の二つの要因は改善されつつある。とはいえ、意欲ある加害男性は微々たるもので、筆者の取り組みは存在しても、全国レベルで見れば例外的状況である（注２）。何よりも変わる可能性のある男性を増やす方策が大事であり、男性に対する粘り強い啓発活動が必要なことは言うまでもない。また、加害男性の受け皿となる専門的機関が全国展開することが急務であり、それが実現しなければ、将来の法的なプログラム受講義務制度は不可能である。広く社会の隅々に蔓延しているＤＶの惨状から目をそらさず、多くの臨床家が加害者治療の実践の必要性を認め、専門家としての経験を総動員して社会に貢献する姿勢が望まれるのである。

注1　ミカエラ寮。現在は社会福祉法人化されている。
注2　それでも、二〇〇一年四月、石川県心の健康センター（精神保健福祉センター）において、我が国初のDV加害男性に対する公的相談窓口が開設された。筆者らの臨床チームは、この相談担当スタッフに対し、DV加害者治療の基礎的トレーニングを既に提供している。

日本において加害者プログラムを実践する前提条件

これまで、加害男性の特徴、そして米国の加害男性への社会的対応システム、加害者プログラムの実際と問題点を分析してきた。以上のように、加害者プログラムは必ずしも希望のもてるものではないことが分かる。筆者は加害者プログラムの有望な側面だけを列挙するつもりはない。なぜなら、加害男性のこれまで残してきた事実は、余りに目を覆うようなことがありすぎ、誠実さ・相互信頼という資質を人間からかき消すほどの、圧倒的な力をもっているからである。その強大な抑圧の力は個人の内部と外部の社会にある。DV根絶のためには、被害者の尊厳の回復や支援のための社会システムの充実、社会の意識変革が必須であると同時に、加害側から一つ一つ暴力を生み出す要素を消し去っていく活動が不可欠と痛感する。我々は現実がいかに厳しくとも、そこから目をそらさず、現実から出発し新たな可能性を切り開く誇りをもつべきであり、DVという難問に対してそれ以外の道はないであろう。
それゆえに、被害女性支援の立場からの加害者プログラムに対する批判・誤解があるならば、加害者プログラムを発展させようとする者（例えば筆者）は、公正に回答する責務がある。同時に、被害女性支援の立場の方は筆者の回答に対し公正に熟考する責務がある。そして被害女性支援の方からは、以前より深まった疑問や批判が筆者になされる、といった往復運動が積み重ねられねばならない。単なる批判や誤解に終わらず、また互いに痛みに触れる部分を避けるのではなく、このような前向きな対話が必要ではないだろうか。

現在の加害者プログラムは自発的な参加のもとに行われている。それゆえモチヴェーションが比較的高く、加害男性全体の中でも問題性の低い層を集めて実施されていることになる。一般に日本では法的受講義務がないために、加害者プログラムは米国に比べ非常に困難と考えられている。しかしこれは全くの誤解であり、実は現在の参加者層のみを対象にするならば、比較的意欲のある加害男性に専門的な個人心理療法・集団心理療法を実施するので、逆に成果は上がりやすい。このことは信じがたいかもしれない。しかし、改めて考えてほしいのだが、グループ・プログラムでも、大部分やる気のない中に、少数のやる気のある参加者が交じる米国のメンバー構成より、やる気のある参加者が大部分を占める日本のメンバー構成の方が成果が上がるのは当然なのである。そして治療意欲の備わった加害者を対象にしたアプローチを整え、将来の拒否的な参加者のグループに応用できるノウハウを蓄積していくのが、現在の段階である。

現在の日本での加害者プログラムの望ましいあり方

日本の加害者プログラムは、その規模や法的裏づけの欠如という点で、いまだ黎明期にある。この現状における実践はいかに位置づけられ、何を目指すべきであろうか。加害者プログラムは、本来、法的強制力を背景にした実施であると考えられるので、現在の日本の加害者プログラムの実践は「法的強制力をもつプログラム受講に向けた準備期間」と位置づけられよう。そのような将来の強制参加による実施を前提にしながら、非義務化の状況と義務化後の状況の諸条件（治療構造・技法・プログラム内容等）を比較検討していきたい。自発的参加という日本の現状を最大限生かすために、筆者の臨床経験から、次のようなプログラムのデザインを組むことが適切であると考えている。

(1) 中心は治療的アプローチ

自発的参加の場合はモチヴェーションが比較的高いため、個人・集団心理療法のアプローチが十分可能で、教育的プログラムより成果が上がる。なぜなら教育的プログラムは変化の度合いが浅いからである。心理療法が成立するならば、対等なコミュニケーションの獲得、対人認知の歪みの修正、深い内的感情のダイナミックスの変容、従来から指摘される低い自尊感情（self-esteem）の向上など、現実的レベルから深い内的レベルまでトータルな変化を促進するためには、これ以上ない効果を発揮する。なお、人権運動としてＤＶ問題に取り組んできた方の中には、加害者プログラムを治療とすることは、ＤＶを個人的問題と見なすことになり、ＤＶが社会問題である側面を弱くするとして、反対する人々が多い。しかし筆者はこのような考え方の前提に大きな見落としがあると考えている。後に述べるが、ＤＶを嗜癖問題としての心理療法は、ジェンダーともかかわりの深い精神病理を内包しており、社会へのアプローチとも連動する問題だからである。

（２）人権問題の側面を組み入れた、新しい加害者治療の枠組みの必要性

これまで、女性蔑視・抑圧の認識の変化を目的にする「エマージュ」の教育プログラム、被害者に対する理解と加害男性の行動変容を中心にした教育プログラムである「ドゥールース・モデル」、怒りのマネジメント法などの認知行動療法的アプローチを紹介して米国の加害者プログラムの主な傾向を見てきた。前者二つの教育プログラムは人権問題としてのＤＶ、怒りのマネジメント法は認知・行動の変化の面に焦点があてられている。しかし、筆者が体系化している加害者治療は、そのどれとも異なる独自なものである。

DVのないライフスタイルを実現するために、この問題に特化した総合的な方法論がぜひとも必要であり、その段階的な問題解決システムの治療モデルは第4章で説明する。その独自な加害者治療は、単に暴力行為の消去を目指すのではない。DVが犯罪であり人権侵害であること、そのような拭いがたい苦痛を与えた人間としていかに生きるかという側面が組み入れられる。女性蔑視という認知の歪みの修正を含みながら、相手に与えてきた苦しみの重大さを直視し続ける。そして、そこから逃避しがちな自分の弱さとも向き合いながら、相手の痛みに最大限の尊重を払い、しかも加害を認めて十全に生きるという贖罪と更生の側面を支援するのが、筆者の加害者プログラムの根底にある。このような目的を心理療法的アプローチによって促進する視点がこの治療モデルには含まれる。それゆえ被害者と加害者の関係性に対する価値判断が含まれ、この点で心理臨床の専門性として従来から重要な要素であった〝中立性〟を越えるものである。DV加害問題の解決のためには、このような、臨床と人権の問題を統合化した新しいアプローチを発展させる必要がある。

(3) 個人心理療法とグループ・アプローチの配分

法的受講義務の欠如により、結果として脱暴力プログラムへの参加者のモチヴェーションの高低が、加害者プログラムに決定的影響があることを述べた。我が国でわずかに行われている加害者プログラムの大部分は、このような治療構造概念を全く考慮せずにグループで実施されているが、これは専門技術・知識を十分にもたない人々が行っているために起きている現象で、非常に問題点が多い。

個人とグループのアプローチのどちらが優れているかという問題の立案は無意味で、それぞれの特色を条件に応じていかに適切に活用するかが重要である。米国では低いモチヴェーションの加害者を多様に刺激して問題意識を高める工夫をするために、グループの形式を取らざるをえない。一方、我が国の参加者はモチヴェーションの高い方が大部分を占めるので、グループでなければならない必然性はない。この場合、個人心理療法が十分効果を上げうるし、次のような個人へのアプローチの利点の方が明確になる。

◆個人心理療法

[a] 加害男性の中には、自分への自信がなかったり、過度にプライドが高いなど、他者の前で自分をオープンにすることに抵抗感をもつ者が相当な割合で存在する。強制受講のもとでは、このような男性もプログラムにつながる。自発的参加という条件では、グループの参加を拒否する人が多数存在するため、この種の男性は個人セッションでなければ問題解決を進められない。

[b] 加害男性の内部で生じる心的ダイナミックス、パートナーとの間で暴力に発展していくメカニズムを明確にするには、個人単位のプログラムが有利である。また、DVからの離脱プロセス、すなわち加害男性がいかにライフスタイルの改善の道程を歩むか、その促進要因や阻害要因を明確にするのも、個人単位のプログラムでないと困難である。加害男性の個別的状況にきめ細かく対応するにはグループでは限界があり、個人セッションでないと不可能なことは数多い。さらに、個別性と共通性を

比較対象して方法論を発展させていく必要があり、この点でもグループより個人セッションの方が有利である。

[c] グループ・プログラムを作成する際には、もちろんグループ運営を積み重ねる中で、必要なエクササイズ（実習）を開発することは可能である。しかし、加害男性は個別の人生を歩んでいるわけで、各人に存在する回復への困難の解消をグループ・プログラムの内容に反映していくという作業が、どうしても不可欠である。このようなグループ・プログラムと個人単位のプログラム（個人心理療法）の内容上の連動が必要である。

◆グループ療法

グループ・アプローチの効果は非常に高いものであるが、次のような難点がある。

[a] 当人の回復のペース、現実の状況、事態の急変、などに即したきめ細かい対応が難しく、グループの共通項を扱う傾向になる。

[b] 集団心理療法がプログラムの中心になっている場合、ある程度まとまった回数・期間・時間数をセットで受講する方式をとる必要がある。しかし、自発的な参加の場合、このような十分なボリュームあるセッティングでは、例えば連続した30回のコースを設定すると、後半15回以降は参加者が激減する現象が起きる。また、一回毎の支払いではなく、一括した料金支払いの方式を採用して参加者の減少を防ごうとしても、それに見合った経済力のある方は少なくなってしまう。また、意欲ある加害

男性の割合が非常に少ない上に、全日程が参加可能な参加者を集めることは現状では極めて困難である。それゆえ、グループ・プログラムを中心とした暴力克服支援の場合は、法的強制力がどうしても必要なのである。

[c] グループの中で自分を表現したり、多くの方に混じって自分の問題に取り組むのが苦手な方が、どうしても存在する。自発的参加を前提とした現在の状況では、そのような人々が集団心理療法に参加することはありえないことになる。

[d] 本格的な集団心理療法は、単にエクササイズを次々に実施すれば効果が上がるというものではなく、グループを扱う際の高い技術が要求される。一般に、専門家にとって集団心理療法は個人心理療法よりも難易度が高く、それは集団心理療法を実施できる心理臨床家の層が薄いという現状にも反映している。DV加害男性用のグループ・プログラムのトレーニングを体系的に行う必要があるが、それはいまだ準備不足の段階にある。

当面の参加者は比較的高いモチヴェーションの方を対象にしているため、個人心理療法が可能であり、成果を上げられる余地が十分ある。現在の暴力克服プログラムのデザインは、それゆえ個人プログラムを中心に据え、当人の回復のペース、現実の状況・課題、事態の急変などにきめ細かく応じたDV離脱の支援を行う必要がある。料金の支払いも専門相談では一回ごとであり、期間・回数・セッション設定の頻度も個人の状況に合わせることが可能という利点があるが、筆者のような民間の心理相談センターであると本人の経済的負担が重くなる。むしろ集団心理療法の方が料金的には割安である。そこで、多くの方が個人セッションを受けられるようになるためには、精神科クリニックや公共の相談窓口で、加害男性の専門相談の実施が不可欠である。

現在の筆者のプログラムは、専門相談（個人心理療法）／自助グループ／暴力克服ワークショップ（集団心理療法）の三種類を柱としている。もちろん個人セッションにも不利な点があり、加害男性の中にはいきなり個人セッションを開始して、自らの問題を見つめるのは準備不足でキツイという方も存在する。また、暴力克服ワークショップ（集団心理療法）は、個人セッションにない飛躍的な洞察や認知の変化を実現できる有利な点もある。人間の活動には完璧なプログラムは存在し得ないわけで、長所と欠点を補いあうシステムが必要である。現在のところ、後に述べるシステムのように、個人心理療法をプログラムの中心に機能させ、それを自助グループ・集団心理療法によって側面から強化するシステムをとる方式が、最も効果的であると考えている。「米国の加害者プログラムがグループだから、日本もグループで行うものだ」と多くの人々が考えがちであるが、これは日本における諸条件を無視しており、大変な間違いである。

法的な義務化実現後の加害者プログラムの望ましいあり方

さて、以上のような加害者プログラムの過渡的実践を経て、日本で法的受講義務を実現した後のプログラム構成案について述べたい。先進地域の米国のように、保護観察下の通所プログラムを中心に違反者は刑務所に収容という方式が必要であろう。受講経験の中間報告の制度も必要だろう。何よりも、夫婦関係の再建を望むか、別離を望むかという被害女性の希望を最優先に、それぞれの事情に応じたきめ細かい加害男性の自己変革を支援するプログラム提供が望まれる。加害男性が復縁を断念せざるをえないケースも多いであろうし、その場合、離婚を受容し、将来DVを再発しないための支援が大切である。

義務化後は、米国と同様、意欲の低い男性が大多数の参加となるので、個人セッション中心ではなく、グループ・プログラムを中心に据える方式に移行する。そして、それまで自発的参加で成り立ってきたグループ・プログラムの内容を大幅に変更する必要が生じる。現在の自発的参加の加害男性を対象としたグループ・プログラムの場合、自らの暴力を認め、大多数が既に本を読んでいるなど、DVの理解も進んだ状態で参加している。グループと個人セッションを併用している割合も高いので、両者の経験を生かしあう形で進められる。しかし義務化後はこのようにスムーズに事は運ばない。自分がDVを長年続けてきたという自覚がまるでなく、参加に追い込まれた状況を迷惑がる参加者が大部分となる。それゆえ数十回のセッション・シリーズは次のような段階的設定が必要となるだろう。

第一段階＝「DVとは何か」「DVはいかなる悪影響や苦しみを相手に与えるものであるか」について知ってもらう、すなわち教育的プログラムから開始することになる。そして、参加者のプログラムへの抵抗感とプログラム受講の必要性の葛藤の問題を取り上げながら、DV行為を認め、暴力克服を目指すモチヴェーションを高める作業を行っていく。

第二段階＝パートナーに対する思い込みや歪んだ期待を修正しながら、暴力まで発展していく悪循環の修正を図る心理療法を実施する。同時に、第一段階より深まった形で、パートナーの経験する恐怖や無力感等を理解し、それに対して責任をとるとはいかなることかを探求する、心理教育と心理療法を組み合わせたアプローチを実施する。

第三段階＝コントロールできないほどの怒りを生みだす感情のダイナミックスを理解し、それを肯定的なものに変容する取り組み、自己否定的なライフスタイルの修正、過去の虐待被害・いじめ被害のある加害男性の割合も多いので、そのような方に対してのトラウマケア、といった本格的な心理療法を実施する。さらに、相手に長期の決定的な苦痛を与えた人間として、いかに目をそらさずに生きていくかという枠組み（後述）を身につけるプログラム（心理教育と心理療法の混合）も実施する。

以上のように、受講義務実現後は、教育的要素と治療的要素を適切に併用し、テーマによって比重を変えながら、段階的なプログラムを構成することになるであろう。これは米国の加害者プログラムの内容構成にある程度近いものである。現在は若干の教育的アプローチを含んだ治療プログラムが可能で、しかも個人心理療法を中心にして十分機能することは既に述べた。そして、受講義務が実現後の加害者プログラムは、現在と治療構造が違うために、教育的プログラムとグループの比重が高まる。このステップを追って深めるプログラムを定番としながら、必要度・モチヴェーション・経済力に応じて、オプションで個人心理療法を併用する方式が適切だろう。さらに、この三段階のグループ・プログラムの修了者に対し、フォローアップ・プログラムとして任意受講のグループを定期的に実施する。同時に、そのような修了者に対して、自己変革の試みを継続するために自助グループの参加を奨励する。自助グループの継続参加によって、男性の意識変革を強化しあい、男性がDVを自ら克服する意志を社会に向けて訴える啓発イベントの活動も担っていく。そして、そのような加害男性の自助活動の全国的展開を、DV加害に携わる臨床家がサポートしていく。これまでの筆者の臨床経験から、以上のような加害者プログラムの将来構想が描けるのである。

加害者プログラムが必要な理由

(1) DV撲滅の社会の決意としての加害者プログラム

米国の加害者プログラムの効果データでは、加害男性の変化が非常に困難という事実を示している。それゆえ、被害女性支援の立場からは、政府が加害者プログラムに予算を組むことや、実践自体に反対する意見も存在する。日本でも被害女性支援の立場から加害男性の取り組みに対する不信感は実に根深いものがあり、加害者プログラムの実践に極めて冷淡な態度をとる方は少なくない。加害者プログラムより刑罰が重要で、児童年齢での人権教育・非暴力教育に力を注ぐべきとする人権運動の立場の方は多い。もちろん加害者プログラムを徹底して取り組むべきと考える被害女性支援の方も存在し、意見が二極分化している。

しかし、加害者プログラムの効果が薄いがゆえに、その実践は行わない方が望ましいという考えは適切であろうか。確かに効果が惨憺たる状況という報告は耳に痛いところであり、効果を上げる努力を惜しんではならない。しかし何度も述べているが、加害男性のモチヴェーションが低いために、元来が困難な実践であるという点は確認しておかねばならない。DVという人権侵害行為に、その責任の取り方として刑罰が必要であることは、筆者も疑いはない。しかし刑罰だけでは加害者の認識・行動の変化が望めないのは、厳然たる事実なのである。筆者は、加害男性に対して「DVは許されない行為であり、加害者は自らの行為を変えなければならない」という決意表明を、加害者プログラムの存在によって刑罰以外の形式で示し続けることが重要であると考えている。これはプログラムの効果の有無とは別の側面である。もし、効果の薄さゆえに加害者プログラムを不必要としたならば、それは加害男性が自らの認識や行動を変えなくてよいという暗黙のメッセージになってしまう。

DVは恐らく人類の歴史とともにあった。それほど長期にわたり隠蔽されてきた問題を明るみに出し、解決に向けて歩むのであるから、当初は問題の直接の担い手の加害者を変える試みが困難であるのはやむをえない。加害者プログラムは「加害者は変わる努力をする義務がある」というメッセージを発し続ける社会的なデモンストレーションである。加害者が減らなければDVは減らない。当初は効果が薄くても、何十年、否それ以上の年月を要して変わりうる人々を増やすプロジェクトを粘り強く実施するべきである。

(2) 二種類の加害者プログラム反対の立場へのメッセージ

日本社会の保守的な男性層にとって、米国並の加害者プログラム義務化が実施されるとなると、それは極めて脅威的事態と映るであろう。自分の自然な行為がいつ妻からDV夫と訴えられるか分からないことを恐れ、ありとあらゆる理由を掲げて反対すると思われる。この時、彼らは無意識に加害男性の立場に自分が置かれた時の精神的苦痛を前提にしている。しかし、このように自分と加害男性を無意識に同一化しての判断という狭い視点からではなく、ぜひDV問題をトータルな視点からとらえ直す勇気をもっていただきたい。DVという犯罪を好きなだけ行うことができ、それを合理化して責任をとらなくても平然としていられるという「無法地帯」を家庭内に残している社会の方が、よほど恐ろしいことであり、恥ずべき社会である。私たちは「本来は暴力であった行為を暴力でないと錯覚するために、社会全体が協力しあってきた」ことを率直に認めるべきである。今までの自明の価値観を問い直すという痛みを経験しても、長期的には得られる利益の方が遥かに大きいことに気づくべきなのである。それゆえ、DVを起こした際、加害者プログラムを法的に義務と定めて自己変革を促進する負担はやむをえないこと、そして彼らの経験する負担よりも、暴力の理不尽さゆえに被害側が受ける負担・苦痛の方がずっと大きいことを、社会が受け入れる誇りをもつべきである。

一方、被害女性支援者の方々の一部には、加害者プログラムの実践を全く無駄なこととし、敵視する人々も存在するが、そのような人々に対しても再考を促したい。その背景には、これまで女性を人間扱いしないがごとき加害男性の行いがありすぎ、社会制度の壁にも阻まれてきた底知れぬ無念があると同時に、そのような現実に対して男性がことごとく無関心であった歴史が存在している。たとえ暴力を止める目的であっても、そのような加害者の近くにいる加害者プログラムの実践者に対しても憤りを向け、「加害者への刑罰こそ必要」と、主張する。このような考えの人々は、困難な状況の中で最も長期間粘り強く活動してきた方であり、その多大な労苦を無視するわけでは決してない。

しかし筆者はそれでも問いかけたい。もちろん加害者への刑罰は必要だが、加害者プログラムに反対するのは、加害者が変わらないのを望むことに等しい。たとえ極度に少ない数でも、自らの問題を改善したい加害男性や、男性の暴力克服を心から願うパートナーや子どもは、確実に存在する。DV克服の潜在力がある男性に対して加害者プログラムの受講の機会を奪うことは、被害女性や子どもの苦しみを継続させ、加害男性にとっても暴力のない健康な人生を再構築する機会を奪うことを意味する。広く男性へ徹底した啓発によってDV防止の意識変革を促し、また、変化の可能性のある加害男性を増やすべきである。加害者プログラムの実践を否定することは、被害側・加害側双方にとって、人間が健康に生きようとする権利を否定するものである。ただし、加害者プログラムは「加害者の暴力克服支援が被害者支援と整合性をもち、被害女性の苦しみを増大させない」という条件をクリアすべきことは、言うまでもない。

国や地方自治体が加害者プログラムの予算をつけることに反対意見があるが、筆者はそれにも異論をはさみたい。ＤＶ関係の予算は被害者支援を中心にすべきであり、加害者対策が重点ではないとの点は筆者も同意見である。しかし、「犯罪者を出さない」という国の責任に失敗しているのであるから、最低限の予算措置をとることは、国・自治体の責任性の表われである。被害女性支援の方にとって加害者プログラムへの不信感は拭いがたくても、それを予算配分に関する判断に直結するのではなく、ＤＶ問題の取り組みの全体像を考慮した上で、加害者プログラムを公正に位置づける必要があるだろう。その他、子ども世代への責任性、ＤＶ防止法に受講義務を将来盛り込むための実践としての必要性などが挙げられるが、拙著の岩波ブックレットと重複するので、関心ある方はこれを参照されたい。

第2章

加害男性の暴力克服に関する新しい認識

価値観を変える枠組み──再教育と治療

ＤＶはこれまでずっと「どこにでもあるもの」とされてきた。我々の社会は、大して検討することもなく「どこにでもあるもの」を正常な出来事とみなす根拠としてきた。そのような「どこにでもあるもの」であるＤＶに対して、被害を受けた者がそれを問題化し、相手に責任を問う方が「どこにもない」行為であるから異常なことであり、不利を余儀なくされてきた。しかしこのような「どこにでもあるものは正常だ」という思考は根拠のない妄想であり、我々は「どこにでもある、ありふれたものの中にも許容されない行為が確実に含まれている」という枠組みを社会全体で確認しなければならない。そのような事実の一つがＤＶである。我々は現在の視点のみで物事を見るのではなく、人間の抑圧を解放してきた積み重ねの歴史を想起するべきである。例えば、かつて国家が他国を侵略するのは珍しいことではなかったが、それを許容しない国際的枠組みを作ってきたのであり、あるいは、女性に参政権がなくてあたり前だったものが、女性に参政権があってあたり前の社会が現代である、といった歴史を忘れてはならない。

加害男性の多くは暴力を「これはオレの性格だから直らない」など、様々な理由を主張してきたが、この種の言葉は自らの行為を変えないための言い訳にすぎない。例えば暴力を「性格」と位置づけることによって、相手の希望を失わせ、暴力を継続することができる。暴力をこのような枠組みに位置づける限り、その問題行動を変化させることは不可能である。

この問題に挑んだのがフェミニズムであり、暴力を単なる個人・家族の問題とするのでなく、社会に蔓延している男性による女性蔑視・女性支配の究極の現れとして、暴力の問題を位置づけたのである。このことにより、男性の「女性は自分の延長であり、自分と同じように振る舞い考えるのが本来であり、そうでなければ暴力をふるって言うことをきかせてもかまわない」という女性に対する暗黙の価値観（ジェンダー）を変える、というアプローチが導き出せる。確かに加害男性に暴力をふるった理由を尋ねると「アイツがいうことをきかなかったからだ」といった回答が返ってくる。女性に対する歪んだ意識の強い男性が加害者であり、そのような硬直化したジェンダーを変化させれば暴力は消失するという考えは、少なくとも結果としては正しい。主にフェミニズムの人々が、加害者プログラムをなぜ「再教育プログラム」と称しているかの論拠を述べた文献は、今まで見かけたことがなく、筆者としてはとても不思議に思える。しかし以上の点から男性の「再教育」という考え方を導き出していると思われる。加害男性がDVから離脱するプロセスでは、このような女性に対する誤った思い込みであるジェンダーが変化しているはずなのであり、そのことは筆者の臨床経験からも言える。

しかし、ここには残念ながら方法論的な限界が存在する。その行き着いた一つの終着点は「エマージュ」のプログラムであり、その問題点についても述べた。DV加害男性の認知の歪みという上部構造は、人間の感情の内的ダイナミックスや、根底の自己認識（例えば「自分は誰からも認められない存在だ」など）から生み出される下部構造に支えられている。そして上部構造より下部構造の方が明らかに優勢なのである。加害男性のジェンダーが非常に強固で、変わりにくい理由は、上部構造の変化とともに下部構造に変化を促進させる有効な手立てをもっていないことによる。加害者プログラムを「再教育プログラム」に限定する人々は、残念ながら人間の以上のような側面に対する考慮を欠いている。少なくともこれまで、加害者プログラムにおける心理療法的アプローチの発展は不十分であったが、認知の歪みを支える下部構造を広範に変化させる方法論は治療的アプローチ以外にはなく、一層の研究・実践が必要である。

このように考えないと、「再教育プログラム」に限定する発想からは、加害男性の変わりにくさに対して方法論的な袋小路に陥ってしまう。加害男性の認知の歪みの強さは、社会に根ざしている女性への蔑視や、その現れとして社会制度が女性に圧倒的不利な現実に原因している。そのため、個々の加害男性の暴力を減らすためには、そのような蔑視や制度の側面の社会変革が必要であり、それが達成できなければ加害男性の暴力克服は無理である、という議論になってしまう。そのため男性の変革は社会運動によらなければ無理という考えに行き着き、加害者プログラムに関する適切な関心を失ってしまう。

誤解してほしくないのだが、DV問題解決のために社会変革が必要でないとは全く述べていない。個々の被害者や加害者に対する対応の質を向上させることは非常に大切だが、DVそのものを減少させるには社会変革が伴わなければ達成できないであろう。一方、心理療法に携わる臨床家は、社会問題の表現としてのメンタルヘルスという側面や人権侵害の問題に対して必ずしも適切な対応をしてきたとは言い難い。抑圧的・差別的な社会へ、無自覚に被害者・加害者とも適応する方針をとりがちである。それゆえ、人権侵害をした人間が真に誠実であるための世界観を設定し、それをベースにした「生き直しのための治療」とならなければならない。単なる治療的アプローチのみではきわめて不十分である。個々の加害男性の自己変革に必要な側面として、心理療法の側面と人権問題の側面を統合化する枠組みでなければ成功は難しいと考えている。前章で述べた日本での加害者プログラムの将来構想のように、加害男性への教育的アプローチは是非とも必要である。重要なのは、「治療的アプローチか教育的アプローチか」という問題設定の仕方ではなく、両者が人間の好ましい方向への変化を実現する上で、両者が本質的にどのような機能をもっているかを考察しながら、適切に組み合わせていくのである。DVは多要因によって起こる。人間はとかく「物事に一つの見方が存在すれば、他の見方は誤りである」という前提を無自覚にいだいているが、今やそれを乗り越える時期なのである。

暴力を変化可能な要素の枠組みに入れる

それではDVはどのように認識すれば変化の可能性のある要素と見なしうるであろうか。既に見てきたように、DVは暴力が慢性化し、感情のコントロールが不能となり、相手に対する極度な認知の歪みを生じているという点で、単なる夫婦ゲンカの水準を超えている。実はこれらは、心理臨床の立場でみると、アルコール嗜癖などの嗜癖と共通の特徴である。嗜癖とは心身を損なう習慣的行動で、それが自分や周りの人にとって害があると分かっていても止められない行動を指す。嗜癖は次の三種類に分類できる。

(1) 物質嗜癖——アルコール・薬物・食べ物・たばこ等
(2) 行為嗜癖——ギャンブル・買い物・盗み・仕事等
(3) 人間関係嗜癖——暴力・恋愛・世話やき等

暴力が嗜癖の中でどのように位置づけられるかを示してみたい。物質嗜癖とは、アルコール・薬物・ニコチンなどの物質を体内に取り入れることに耽溺する行動である。行為嗜癖は行為・行動のプロセスに酔う習慣で、ギャンブル・買い物・盗みなどがこの分類に入る。人間関係嗜癖とは、暴力・恋愛・世話焼き等の人間関係のあり方に没頭する行動習慣である。DVの暴力は、このような人間関係嗜癖に属する。米国のフェミニストセラピストのアン・シェフは『嗜癖する社会』(誠信書房、一九九二)で、嗜癖は人を非力にするプロセスであり、強迫的観念を伴い、自分や他人を欺いたり繕ったりする欲求として現れる進行性の病理であることを述べている。嗜癖行動によって、人間は何らかの精神的高揚感を経験し、快や苦痛をコントロールしようとする試みが発展していく。その背景にあるのは、自分の中にある欲望や空虚感の否認であり、苦痛や悲しみからの逃避である。

また、嗜癖問題の研究者・精神科医である妹尾栄一は、アルコール関連問題の中で暴力の問題が不十分にしか扱われなかった傾向を指摘し、暴力を嗜癖と位置づけることにより、その臨床的対応を広げる可能性を述べている（注1）。そこでは、米国精神医学会の診断基準における物質嗜癖と家庭内で起こる暴力との共通特徴の検討を紹介している。

◎コントロールの喪失——虐待者は虐待行為の後に後悔し、二度と繰り返さないと約束するが、虐待は再発し続ける。
◎事態が悪化しているにもかかわらず持続する——被害者に性的・身体的・情緒的損失と自尊感情の喪失が生じており、虐待者には悔恨と罪責感が生じているにもかかわらず、虐待が持続する。
◎没頭ないし強迫——虐待者は被害者をコントロールすることに没頭している。
◎耐性の上昇——初期には暴力は試しに用いられる。被害者は暴力の程度が激しくなっても、それに耐性が生じていく。暴力の頻度、範囲、程度が次第に深刻化する。
◎認知の歪み——虐待者は暴力を続けるために都合のよい観念に執着し、その修正が困難である。

これらの項目に照らし合わせてみると、まさにDVは嗜癖としての特徴に合致していることが分かるであろう。

DVは、一般に言われるような「性格の問題」や「意志が弱いから暴力になる」とは異なる。また、「社会で活躍し配慮のある人物として通っている〝普通の男性〟が家で妻に暴力をふるう」という旧来の認識は、臨床的には間違っていると言わざるをえない。例えば過食症の人が「自分は食べ吐きさえしなければ健康なんです」と語る時、過食の症状と自分を切り離した認識をしている。食べ吐きは、その人の内面に深くかかわった問題であることを否認している。「お酒さえやらなければいい人だから」「ギャンブルさえやらなければ普通の人なのに」……実に多くの人がこのような考えにしがみつくのであるが、これこそが回復を遅らせる認識なのである。加害男性を〝普通の男性〟とみなすことは、多くの嗜癖者とその周囲の人が、嗜癖行動と内面の病んでいる部分を切り離し、回復の障害となることとそっくりな認知構造である。「普通の男性」と見えるのは限定された局面だけのことで、真に精神的に健康な〝普通の男性〟はパートナーに暴力など行使しないし、その必要もないのである。このようにDVの暴力を嗜癖と位置づけることによって、従来の嗜癖臨床の応用によってアプローチが可能という枠組みが見いだせるのである。

また、嗜癖としてのDVの認知の歪みは、社会に蔓延している女性差別の観念、暴力容認の意識に由来することも見逃せない点である。嗜癖という表現形をとるDVは、社会から加害者の歪んだ認知を支持され、強化され続けているのである。それゆえ、DVは社会のもつ問題性と精神病理とが根強く結びついた問題と再定義されるべきなのである。

注1　妹尾栄一「委任状をとりつけて発言するわけではありませんが」『アディクションと家族』（17(1)、二〇〇〇年）

ジェンダーと嗜癖

実は、男性優位社会を支えるジェンダーは、嗜癖問題と密接な関係をもつ。個人内の精神病理や家族病理の側面をもつ嗜癖は、同時に「男性中心の社会システムを維持するための補完物」(注1)であるがゆえに、社会問題と精神病理をつなぐ中間地帯の機能を果たしている。筆者のこれまでのDV加害の臨床経験から〝暴力嗜癖〟としてのDVが、ジェンダーとどのようにかかわり、DVの維持や発展に寄与しているかを描き出してみたい。男性学研究者の伊藤公雄は『男性学入門』(作品社、一九九六)の中で〝男らしさ〟を次の三つの志向性に集約している。

・優越志向
・所有志向
・権力志向

優越志向とは、競争において勝利し、他者に優越していたいという心理的傾向である。所有志向とは、たくさんのものを所有し、しかも自分のコントロール下に置こうとする心理的傾向である。権力志向とは、自分の意志を他者に押しつけたいという心理的傾向である。これは、女性という存在に対して強烈に作用し、負けることを拒否する姿勢として現れる。

これまでのDV加害の臨床経験から、このような〝男らしさ〟の役割期待としてのジェンダーの精神内界における機能は、次のような2つの場合が存在するように思われる。

①いじめ被害、被虐待など、何らかの要因で自尊感情が低下した男性は、その低下した自尊感情の状態から脱するために、選択肢の一つとしてジェンダーを活用し、自らの価値を高めようとする。

②周囲の社会に過剰適応するためにジェンダーを取り込んだ生き方を選択すると、次のようなジェンダー強化の連鎖が発生し、大きな副作用をもたらす。

▼自らの内面の感情を感じ取る力を停止させ、それゆえ、感情を表現することを抑制する。自らの感情を表現することは、自分の生身が剥き出しで、非常に無防備なことに感じられるからである。

（背景に感情を感じることの恐怖がある）

←

▼自分の存在価値が外部からしか規定されなくなるため、内面が空洞化し自尊感情が低下する。

（背景に社会で共有する価値観から支持されなくなることの恐怖がある）

←

▼低下した自尊感情をジェンダーは感じ取る力を停止させる。

←

▼同時に、低下した自尊感情をジェンダーに基づく価値観によって補強、防衛する。

（→背景に低い自尊感情を感じることの恐怖がある）

①②どちらの場合も、ジェンダーがDVを誘発する有力なメカニズムとなりうる。

ある男性は会社の昇進試験を何度か受けたがパスすることができず、そのことで非常に落ちこんでいた。カウンセラーが「昇進が実現した後、あなたはどのように生きたいだろうか」と尋ねると、その男性は「人を自分の思うように動かしたい」と答えた。これは非常に驚くべきことである。ポストが上がることによって、自分の力を発揮したいという目的ではなく、他者を自分の思うままにできる経験を得ることが目的の昇進願望なのである。会社社会ではヒエラルキーを上り詰めることが価値であり、ポストが下の立場は上司のする不快で理に合わないことも受忍しなければならず、逆に上司の立場であれば多少の横暴も許されるし、相手から追及されないノウハウも行使できる。このような会社社会の価値観と自分の生き方を同一視している男性にとっては、役職のつかない人間は惨めで無力な存在である。このように、ジェンダーを自明なこととして生きている人間は、パワーを持たない存在であることを拒否する。しかし、よりパワーをもつ立場に自分があったとしても、常に無力感や孤独に追いやられる恐怖が背後にひかえている。

企業で長年活躍し、能力を蓄積してきた人々の中には、常に周囲の者に指示したり威圧したりすることをしていないといられない男性が数多い。このような権力志向の行動様式が前面に出ている男性は、自分が他者より勝っており、存在価値があると真に実感している人間とは異なる。常に自分が正しく、判断力があるという姿勢を現実に示していないと、自分の存在価値の感覚がもてない恐怖が、指示や威圧の根底にはある。そのため、常に他者に力を誇示していないと安定していられないのである。すなわち、本当は自分は「えらい」とは感じていないのであって、本当に自分の価値を内的に確かめている人間は、そのように「えらぶる」行為を継続する必要などないのである。以上のような傾向が先鋭化し、しかもその対象がパートナーに向かうとDVとなるであろう。

社会から期待される男性として適応力を高めていくために、次のような嗜癖の副産物の体験の質によって、個々の男性が嗜癖行動を選択していくのである。先の伊藤公雄の〝男らしさ〟の分類を参照しながら、それぞれの嗜癖を通じて得ている体験の質を分類してみる。

●アルコール：不安や心配を忘れさせてくれ、精神的な高揚感、自分が相手を支配できる幻想を得ることができる。（権力志向・優越志向）

●ギャンブル：一時に大量の金銭を獲得できる夢を満足させる。誇大な成功体験を得ることができる。（所有志向・優越志向）

●仕事（ワーカーホリック）：飽くなき存在価値の追求（所有志向）

●セックス：相手を何でも思うようにできる幻想。相手を自分のモノにできたという幻想。（権力志向・所有志向）

●暴力：相手を自分の思うがままにできたという幻想。相手にダメージを与えることで自分の価値や力を確認する。（権力志向・所有志向・優越志向）

●まさに暴力は〝男らしさ〟の特徴を如実に併せ持っている。これらの行為は社会から期待される価値観の要請に応える形で過剰発達し、時に男の冒険であり、追求すべき価値であったりするため、社会の容認範囲にとどまりやすい。しかし、背景には底知れぬ自己の無価値感・精神的飢餓感が存在し、それを埋め合わせようとしても本質的には埋め合わせ不可能であり、嗜癖行動の継続のために都合のよい認知の歪みも発達させることになる。そのような認知の歪みの例を挙げると、「妻がオレの仕事の苦労を理解しないから酒を飲むんだ(酒を飲む理由はいくらでも見つかる)。」「今度こそあの時のように一発当てる兆候がある（成功した機会はわずかであり、数え切れないほどの失敗を無視している)。」

以上述べたように、DVは男性が社会を生き抜くのにふさわしい行動様式を身につける文化的バイアスのもとで、選択される嗜癖の一つなのである。

注1　波田あい子・平川和子『シェルター』（青木書店、一九九八年）

嗜癖を含む精神的不健康な行動と差別の統合モデル

DV問題へのアプローチは二つの立場が存在する。第一は人権問題の立場で、フェミニズムによる反女性差別の運動である。第二は臨床・健康の領域であって、嗜癖問題やPTSDケアのアプローチである。同じDVへの対応であるにもかかわらず、従来全く概念も歴史も異なるこの二つが、ほとんど別々に活動を積み重ねてきた。心理臨床家である筆者は加害者プログラムの開発と実践に着手して以来、DV問題を根本的に解決していくため女性運動の人々とも積極的に話し、議論のかみ合わなさに戸惑いつつも、両者を統合化していく必要性を痛感したのである。メンタルヘルスと差別の問題をトータルに関係づけ、自己（内面の）変革と社会変革を連動させることによってしか、DVや性暴力の問題を終わることができないと思う。DVなどの社会に遍在する歪んだ行動様式の内的メカニズムと、性差別の関係を統合的に説明するモデルをここで示す。

社会生活を通して、我々は必ずしも精神的に豊かになる体験ばかりするわけではない。受け入れがたく、納得しがたく、悲しく、そして決定的なダメージを被ることすらある。それは、事故・災害・病気、それらによる死亡といった不可抗力の偶発的な巡り合わせであることもあれば、人権侵害や犯罪といった意図的行為であることもある。それらに伴う苦痛は、時間とともに減衰する性質のものもあれば、ある限界を越えると、ずっと持

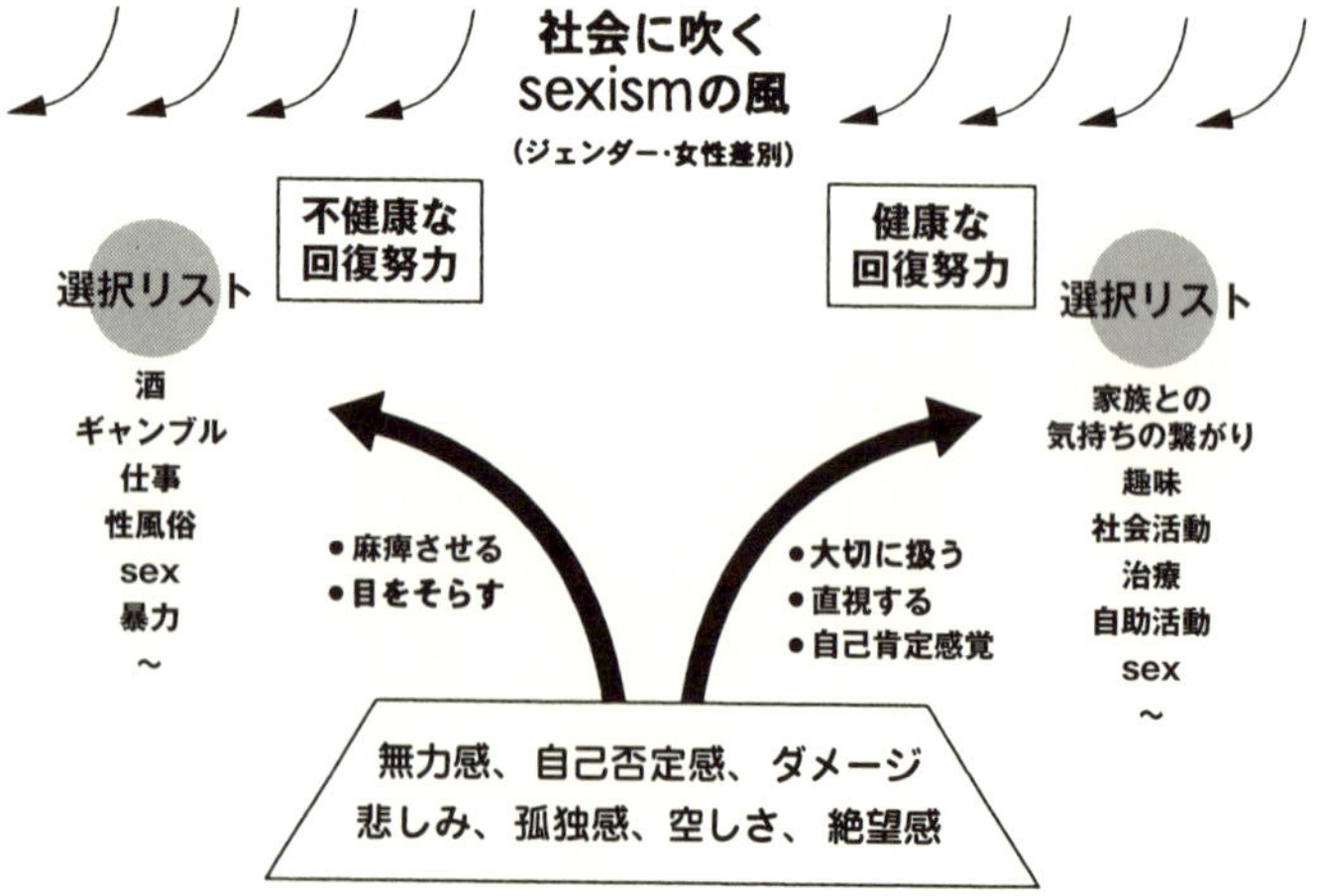

図　3

続する性質のものも存在する。私たちは、そのような苦痛を放置しているわけではなく、必ず苦痛を軽減させるための行動をするが、それを専門的には「対処行動」と呼ぶ。図を見ていただくと、対処行動には左方向の「不健康な回復努力」と右方向の「健康な回復努力」に大別できるが、我々はある時点でどちらかの方向を選択するのである。しかし、我々はぬぐいがたい無力感・自己否定感・悲しみ・精神的飢餓感に陥った時、健康な回復努力よりも、それらの苦痛をマヒさせ、無感覚にし、目をそらすような不健康な回復努力（左上方向矢印）を選択しやすい。

不健康な回復努力の選択リストは複数存在し、しかも社会から「合法的に認定された」方式が用意されている。それが四角で囲まれた「不健康な回復努力」の左に掲げた選択リストである。例えば、アルコール、ギャンブル、仕事、性風俗などであり、これらにのめり込むことによって、蓄積された苦痛を緩和して、自らの身を守るのであるが、それは本質的に充足することはなく、埋め合わせのために繰り返されることになる。これは診断名がつくか否かとは関係なく、嗜癖的な構造をもっているのであり、男性社会を維持していくために必要な、容認すべき仕掛けとなっている。たとえば、性風俗通いを止められなかった性依存症の男性が、回復の手ごたえを感じてくると、「性風俗に行くことで満足すると思っていたが、何だが自分が空っぽになっていったのだと、最近分かるようになった。」「相手の女性を踏みつけにすることで、一瞬の満足で自分の空しさを忘れるようにしていた。」という内容を語ることが多い。そして、これらの仕掛けは「男の甲斐性」「大人の遊び」と見なされ、それに異議をはさむこと自体、社会的つながりから排除されることになる。このような不健康な回復努力は、社会が自明にもっている価値観と結びつき、「疑いをもってはならない」とされており、これは、男女の関係では特にジェンダーや女性差別の価値観として現れている。すなわち、このような〝sexismの風〟（上部左方向の矢印）が社会全体に吹いていて、不健康な回復努力の仕掛けに参入することを暗黙に奨励し、それをおかしいものとする人々を共同体から排除するシステムを作り上げているのである。また、このような「抑圧－被抑圧」関係を認めることが、社会人としての成熟と見なされる。すなわち、表面上選択の自由はあっても、社会生活から排除されかねない恐怖を背景にしたソフトな強制による支配であり、これを筆者は《日常の全体主義》と呼ぶ。個々人の嗜癖的ライフスタイルの改善は臨床のアプローチが必要である。嗜癖的な構造を生産するという問題は、その選択を無前提に強制している〝sexismの風〟を止めなければ、その数は減少しないことになる。差別の克服という社会変革は内面の変革と連動しているのである。

不健康な回復努力の選択リストの一つに暴力がある。DV加害男性は、自覚の有無にかかわらず相手を苦しめ続けるライフスタイルを一貫してもっているが、彼らの内面は豊かで満ち足りているであろうか。決してそうではなく、自ら感じ取れるか否かにかかわらず、空しく、精神的に飢えており、無力感や悲しみで満ちているはずである。このことは、かつて子ども時代に虐待被害を経験していたり、DV家庭に育った男性が、成人して加害者となるリスクが高まるメカニズムを説明できる。このような経験を幼少期に積み重ねると、子どもは、その精神の根底にダメージ・無力感・精神的飢餓感をもつが、それでも何とか社会に適応していこうとする。しかしその過大な負担により、苦痛をマヒさせる不健康な回復努力の方向を発展させ、《日常の全体主義》に参入すれば周囲から承認されるため、〝sexismの風〟に沿った自己防衛を作り上げることを幼少期に決断する。

一方、人間はそのような破壊的な趨勢に翻弄されるだけの存在ではなく、いかなる惨憺たる現実の中でも健康な選択をする主体性をもっている。それが、図3の右上方向矢印の「健康な回復努力」である。子どもは本来「理不尽なものは理不尽」と正確に物事を認識する感受性を持ち合わせている。社会に吹く〝sexismの風〟があっても、やはり父親の行いは酷いし、周囲の人々の反応はおかしい、と感じ取る目をもっている。しかし、根底のつらさを無感覚にする「不健康な回復努力」のほうが手っ取り早く、社会から受け入れられるので、自らの感受性を圧殺しやすい。しかし、子ども時代に虐待被害を経験したり、DV家庭に育っても、正確な感受性を温存していく意志をもった男性は、真実を痛みをもって知ることを望み、自らのつらさも大事な部分と見なし、偽りでない自己肯定感覚を希求するようになる。そして基本的には、被虐待やDV家庭以外の、様々な理不尽な取り扱い、精神的打撃を与えられた場合も同様なメカニズムが働く。健康な回復努力へと向かった場合、根底にある空しさ・悲しみ・精神的飢餓感から目をそらそうとせず、それさえも大切に扱っていこうとする。その際の選択リストは、家族との気持ちのつながり、社会活動、自助活動などである。健康な回復努力の対処行動は、埋め合わせや欺瞞ではないため、本当の自己肯定感覚を体験することになる。セックスは健康な回復努力・不健康な回復努力の両方に配置されている。セックスは逃避にも利用され、さらに、自分のみの満足の追求となり、相手との心からの気持ちの交歓を欠いて、セックスの強要となった場合、相手にとって苦痛以外の何物でもなく、それは暴力となる。性的領域は人間の根幹であり、最も親密な関係でしか開示されず、本当に信頼でつながれば健康な回復努力のリストとなり、反対に空虚で踏みにじられたものと化すセックスは不健康な回復努力である。

しかし健康な回復努力は、《日常の全体主義》という「抑圧－非抑圧」の関係でつながる人間関係に抗して実現しなければならないので、分断化されやすい。すなわち図上部の左方向に吹く〝sexismの風〟によって不健康な回復努力へと向かいがちな対処行動を、孤独を覚悟で、自分の感受性を信頼し、洗練させながら歩まねばならないので、困難を伴う。それゆえ、健康な回復努力を目指す人々は、同じテーマを志向する人と出会い、相互に確認したり、文学・自然・芸術・動物とのふれ合いなど、自らを裏切らない存在とつながる必要がある。

DVを生み出すジェンダーの階段構造

男性優位社会を支える価値観であるジェンダーは、嗜癖問題と密接な関係をもつ。筆者のこれまでのDV加害の臨床経験を集約して、ジェンダーがどのようにDVの維持や発展に関与するかを描き出してみたい。先述のように、男性が社会に過剰適応しようとすると、ジェンダーに基づいた振る舞いを過度に発展させることになる。（図4）

ここで「DVを生み出すジェンダーの階段構造」について述べたい。図を見ていただきたい。ジェンダーに基づいた世界観では、男性は女性より優位であり、女性は男性に対してよりパワーレスな立場である。しかし、男性が常に優位であることを求められるということは、潜在的には劣位に追い込まれることとの恐怖がある。男性が女性との関係において、無力感や劣位を感じる体験が起こった(それは男性の元々内在するものが女性の言動によって顕在化する場合と、実際に女性が男性をコントロールしようとした場合の両方がありうる)際には、男性にとって女性より低い価値の段階にいるように感じられる(ダメージを受けた男性の位置)。あるいは、子ども時代に被虐待経験等がある男性の場合、自尊感情が低下しているので、常に、女性より一段低いダメージを受けた男性の位置にいる体験が引き出されやすい。明らかに差別用語

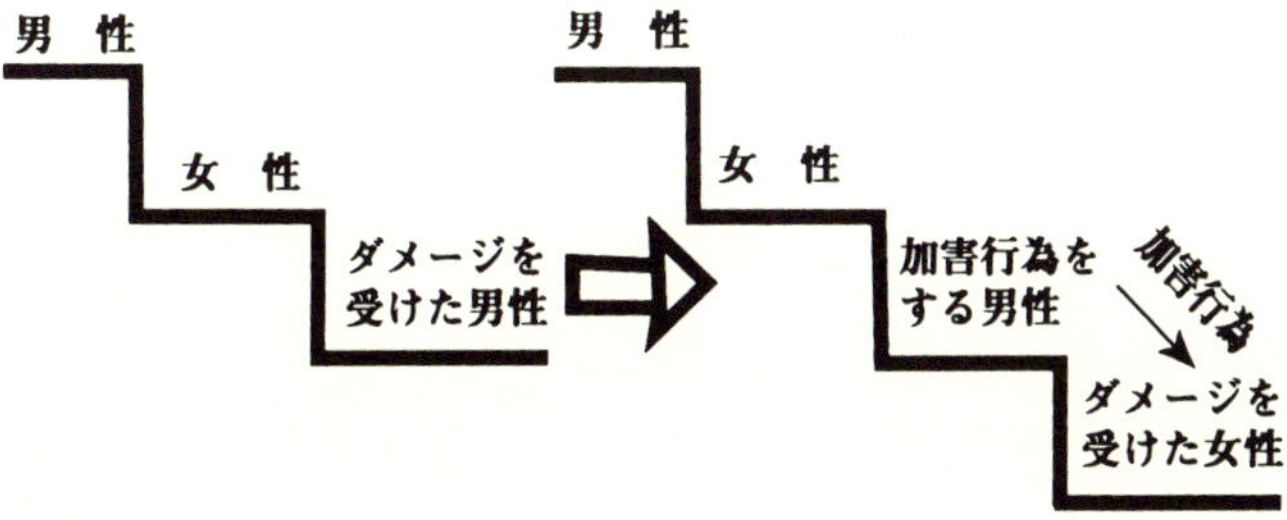

図4　DVを生み出すジェンダーの階段構造

であるが「女の腐ったの」という表現がある。これはダメージを受けた際の男性の感情の状態を表すものであり、それは男性としてあるまじき「女々しい」あり方であり、女性より劣位な状態と認定される(図4の左側最下段)。

さて、ジェンダーを大きな拠り所としている男性にとって、この状態にいるのは耐え難いことである。それゆえ、何らかのジェンダー強化に役立つ嗜癖、すなわち酒・ギャンブル・仕事・セックス・暴力の中から、自分に適した嗜癖を選択し、存在価値を上げ、ダメージを受けた経験から逃避しようと試みる。暴力という嗜癖を選ぶ男性がDVに相当する。図4の右側が加害を生み出す構造である。DVを選択した男性の場合、ダメージを受けた男性として存在することを拒否し、「弱者としての女性」を必要とする。すなわち、女性に対し加害行為によって苦痛を与え、全人格を否定する言動をとることによって、女性を被害者の段階に位置づけ、自らの価値回復を企てる。そのことによって、より上の位置の男性・女性の階段の状態にいると幻想するのである。他者を苦しめ、痛めつけることによって一瞬の達成感を加害者は得るのだが、それは心が豊かになったり、満ち足りたものをもたらすだろうか。決してそうではない。心の飢餓感、むなしさ、自己嫌悪しか残らない。本質的な価値回復ではなく、偽りの回復であるため、何度でも繰り返すのである。暴力を行使しても自分の価値が向上するわけではない。むしろ軽蔑すべき人間となるため、ますますジェンダーに固執し防衛する。これが、ジェンダーの世界観により発展して暴力が嗜癖として定着し、そこから逃れられなくなる構造図である。

このような階段構造は、加害男性の内部で機能していると同時に、外部すなわち社会の諸制度や社会通念においても機能し、両者が連動し、強化しあっている。それゆえ、DV問題の解決には人間の内側の抑圧の階段構造と、人間の外側の抑圧の階段構造の両方にアプローチしなければならないのである。

ジェンダーに密接化した暴力の本質

男性は子ども時代から成長する過程で、いつも冷静であることや感情的にならないことを求められる。男性は仕事の能力やその価値観を突出して身につけるが、それ以外のライフスキル、例えば気持ちをオープンにし他者とつながる能力や、身近な生活を営む能力を弱めていく傾向にある。〝男らしさ〟の期待の中には、常に頼られる存在であること、力強さ、感情を交えない冷静さ、弱みを見せない生き方などがある。これらが生きていくための硬直化した信念となっているほど、フェアな関係や精神のしなやかさを失っていく。

加害男性にとって、ジェンダーは生きる支えに等しいほど重要化している。例えば「負けたらおしまい」「格下の立場に配慮を見せないのが、格上ということ」などといった観念であるが、これが覆された状況の一つが妻の家出やシェルター避難である。このような主導権を格下の妻が握っているということは、妻のいない毎日が「負け」の烙印であり、「男性性」を奪われることである。だから、日常「お前は妻失格だ！」と怒鳴っていた夫は生きる支えとしての「男性性」維持のために失格妻を必要としているので、全身全霊を挙げて探すのである。

「お前ほど配慮のない妻はいない！」「いつか別れてやる」などと妻を罵倒していた夫は、妻が行方不明になると徹底して捜索し、別れ話を切り出されると頑強に拒む――そういった事実はよく知られている。これはよく考えると非常に奇妙である。それほど気に入らないダメな妻ならば別れるのが自然である。それでも別離を拒むのは虐待的な関係を必要としているからであり、家で妻に暴力をふるっているおかげで、社会で活躍し、配慮のある人物として通るための精神的バランスを保っているのである。妻を徹底して打ちのめすことによって、妻から精神的に支えられているに等しい。そのような背景によって、暴力を続ける生き方から逃れられなくなる。それゆえ、専門的プログラムを受けることのない自力のDV克服は、限りなく不可能に近いのである。

このように相手から常に優越しようとする傾向をパワーゲームと言う。加害男性にとってパートナーとの関係が「勝つか、負けるか」という価値基準に支配されており、妻の言い分が通るのは、屈服させられるように感じられ、許しがたい思いが生じ、それが暴力に発展する。実際、職場の人間関係では、他人の言い分が通るのを「自分の負け」とは感じないのに、妻に対しては許せないと感じる加害男性は非常に多い。本当は職場を含むあらゆる人間関係において対等さや尊重の体験をしていないのであって、妻以外に対しては「自分の支え手」の期待を放棄しているために、パワーゲームが暴力まで激化せずに済んでいるのである。妻に対しては選択的に心が開いており、実現不可能なほどの「自分の支え手」の期待を向ける。要するに自分は大事にされることを求めるが、自分が相手を大事にすることは「負けの烙印」と感じられて嫌なのである。加害男性がDV克服を実現するためには、以上のような自分だけが尊重されたいと望んでいることの歪みを認め、本当の意味でお互いを尊重する関係を目指そうとする姿勢が生まれる必要がある。

DVの男性対策に関する発想転換の必要性

DVは女性の人権問題であり、ジェンダー・性別役割分業・女性差別の問題を解決していかなければ、その根絶に至らないことは疑いがない。そのフェミニズムの観点による分析は、「夫からの暴力」調査研究会編『ドメスティック・バイオレンス』(有斐閣、一九九八)に詳しいが、要約して紹介したい。多くの女性は制度としての結婚という〝親密な〟関係に組み込まれる過程で社会進出や経済的自立の機会を奪われていく。女性が暴力から逃れる際に困難として立ち塞がる壁は、男性に経済的に依存しており、経済的な自立が難しいという現実である。賃金格差・各種手当などの経済的不均衡は構造的問題である。さらに、ジェンダーの女性役割である〝思いやり・献身〟は、男性が暴力をふるう後押しの役割を果たす。男女の〝親密な〟関係は、女性の従属を助長し、強化する社会装置である。

それゆえ、ＤＶの解決には社会制度の変革やジェンダーからの影響を減少させる運動が不可欠となる。フェミニズムから女性の人権抑圧の提起課題は、婚姻制度・就職・仕事上の格差等の女性側の不利、家族の中で女性への暴力を許容する意識、メディアによる性差別など枚挙に暇がないほど存在する。それら具体的な不利や暴力の現実が個人の問題に終始するのではなく、「個人的な出来事は政治的な出来事である」という根本理念の下に、それら両性の社会的な権力構造から生じる問題であることを明らかにしてきた。

しかし一方で、ＤＶ加害には女性の人権の視点のみでは解決できない側面が存在する。ＤＶが女性差別の問題であっても、他の見方やアプローチが同時に成立しないということでは決してない。従来は社会問題としてのＤＶが強調され過ぎたために、外側の変革（社会問題の解決）と内側の変革（個人の内面の問題）の連動という課題を置き去りにしてしまった。これは、従来ＤＶが個人の問題に封じ込められてきたことの反動である。しかし、今や恐れずにトータルな視座に立ち、ＤＶをいかに解決するかについて、従来の発想の見直しが必要である。ＤＶ加害には、男性による女性蔑視の観念が存在することは明らかである。パートナーを女中扱いや自分の所有物扱いをしてはばからない加害男性は極めて多い。しかし「男性から女性蔑視の観念をなくせばＤＶ加害を克服できる」という考えは、現実には成立しない。逆は必ずしも真ならずである。「妻に暴力をふるいたくないが止められない」という男性も多いのであって、女性差別のみがＤＶ加害の根本要因であるならば、価値観を変えれば振る舞いも変わるはずなのであり、これでは辻褄が合わない。また、妻が実家へ帰ったり、行方不明になった際など、猛烈な恐怖に襲われ、時には手を震わせながら専門相談に来所する加害男性が存在する事実を、女性蔑視・男性のジェンダーという観点からは説明できない。これらの事実は何らかの精神病理的背景が同時に存在することを示唆している。DV加害は、差別という側面と同時に、「分かっていても止められない」という行動コントロール不能、ジェンダーと深くかかわる嗜癖の心理機制としての特質を有している。個々の加害男性を変える作業は、「女性蔑視の観念をなくし、男らしさへのこだわりを捨てれば暴力がなくなる」といった問題では決してないのである。

個人を変えるアプローチと社会を変えるアプローチには、異なる視点が存在することを認めるべきである。例えば、家庭の中の性別役割分業をなくす取り組みを社会的に拡大することは、DVを減少させる上で必要不可欠である。しかし、DVと性別役割分業が密接に関係があるといっても、妻が加害男性の夫に「家事を多く担わせることによってDVがなくなる」と考えて、彼に実行してもらっても暴力が止まることはまずありえない。以上のごとく、DV問題に関する従来の見解には、実は多くの混乱が存在するのであり、本書ではそれを指摘せざるをえない。男性中心社会の中で男性が過剰適応を強いられて無力感・自己否定を蓄積した時、社会制度・女性蔑視の観念・男性のジェンダー問題が強力に後押しして、嗜癖としてのDVという誤った自己回復を選択させていると見なすべきである。そして社会に吹く〝sexismの風〟による、嗜癖に伴う差別的価値観を一掃する方向に認知の主査性が図られねばならない。しかし必要な要素はそれだけではない。さらに、「加害者が暴力によって相手の全人格を否定してきたことに責任をとる」という、誠実な世界観をトータルに構築する更生の側面を重視しなければならない。本書でこれから展開する加害者プログラムは、DVが人権侵害行為であるという側面を基盤におき、「加害者－被害者の関係性」を究極のフェアな地平まで突き詰めようとするものであり（第4～5章を参照）、これは従来の心理療法にはない本質的に新しい分野である。

しかし、加害者プログラムの実践の大きな欠点は、プログラムによって変化を期待できる加害男性の割合が圧倒的に少ないことに加え、次世代のDVの減少に間接的貢献は可能でも、加害男性の減少に直接に役立たないことである。社会から加害男性の数を減らすには、女性蔑視の観念をなくし、男性のジェンダー問題を解決する取り組みが、絶対に欠かせないのである。

被害女性支援者からの加害者プログラムに対する誤解への反論

長期にDV被害女性の支援に携わっている方から、加害者プログラムに対する批判は実に根深いものがある。それは現実的根拠のないものから、根拠ある反対意見まで大きな幅があり、それらに正面から反論を行おうとしても、一見途方に暮れるような批判も存在する。加害者に対する嫌悪感・怒り（ただし、この感情は正当なものである）という背景があるため、論理的に思考するのはどうしても難しくなるのである。これは単なる感情論ではなく、誠意のカケラすらない加害男性が余りに多すぎたこと、被害者支援を展開するための社会制度上の壁や社会の無理解により、加害者に有利な実情が厳然と存在することを、我々は深く理解する必要がある。ここで、従来言われている批判の幾つかに対して、トータルな視点からの反論を試みたい。加害者を変えるという困難な試みを正当に位置づけるためには、批判や反対意見に対して、臆せず正面から論理的に向き合うということは極めて大切であると考えている。

①反対意見「加害者プログラムは教育プログラムであるべきであり、治療と位置づけるのは、DVが社会問題である視点を個人的問題に戻してしまうから、適切でない。」

〔反論〕例えば、感染症治療は個人内の細菌やウイルスをいかに叩き、自己免疫力を上げるかという問題でもあると同時に、病原体を媒介する小動物駆除のための社会政策上の問題、公衆衛生の問題でもある。このように、治療の問題は、それを機能させるには必ず社会問題とのリンクが必要であり、個人内だけの問題とするのは大変な誤解である。DVは歪んだ価値観という文化によって伝播する感染症のようなものである。社会で無自覚に機能している女性差別的な価値観が、嗜癖の構造をもつDV加害を促進しているのであるから、DVの社会問題化と何ら矛盾するものでもなく、決して個人的問題にとどめるものではない。

②反対意見「DV加害は病気ではないから治療はおかしい。」

〔反論〕もちろんDV加害は精神病ではない。確かに身体の病気ならば「病気に対して治療」という考えは成り立つ。しかし、例えば精神科で診断名がつかない、いわゆる不登校や引きこもりに対して心理療法は有力な選択の一つである。また、神経症は決して精神病ではないが、心理療法が中心で薬物療法はむしろ補助的役割である。このように精神的問題には、病気でない対象にも治療的アプローチを数多く行っており、この考えは適切ではない。

③反対意見「DVが嗜癖の精神病理であるとすると、それを仕方のないものと諦めたり、許さなければならないのか⁉」

〔反論〕これは、例えば統合失調症患者が犯罪を犯した場合、心神喪失として責任追及不能な事件が存在することから生じる不安と関係すると思われる。「精神病理が存在すると責任性が減免される」という考えは精神障害者に対する隔離政策の温床になる考え方であり、乗り越えるべき偏見である。統合失調症であっても全部が心神喪失ではなく、幻聴・妄想などの精神症状に大きく影響される場合に限られる。身体疾患と比較して考えてほしい。例えば、糖尿病の男性が、会社のつき合いで暴飲暴食を繰返し、血栓が脳に詰まって脳卒中になり半身不随になっても、病気のせいで本人に責任はないと言えるだろうか？　彼には不健全なライフスタイルを改善しなかった責任性が存在する。DVも同様で、加害男性の夫には家庭人として平和で健康なライフスタイルを創造する責任があるはずであり、治療を受けないのは責任放棄である。精神病理の側面があるからといって、被害側が諦めたり許す必要など全くない。もし加害者が「自分は病気だから仕方がないじゃないか～」と主張するならば、それは言い逃れであり、またあらゆる事柄を責任逃れに利用するのが加害者であるから、そのような言い分に多くの人々が惑わされる必要もない。

④反対意見「DVは犯罪であるから、精神病理の問題として扱ってはならない。」

〔反論〕ここには「一つの枠組みが成立するならば、別の枠組みは成立しない」という前提が存在している。しかし、「同一の事実を多数の枠組みでとらえるべき問題は存在し、それぞれの枠組みからのアプローチが必要である」という発想を持つべきである。例えば、エイズはジェンダー問題でもあり、差別問題、医療の問題でもあり、それぞれの立場で総合的に取り組まねばならない。この反対意見は③とも関係して、「DVを犯罪と位置づけないと責任を問えないのではないか」という観念から生じていると思われる。「DVは犯罪であり、同時に嗜癖の表現形でも現れる」ことを認めればよいのである。しかも筆者は、従来の心理療法の治療的アプローチを拡張して、犯罪加害者の更生という側面と統合化する枠組みを構築している(詳しくは第4~5章を参照)。人権侵害の立場、メンタルヘルスの立場、両方から加害者の責任性を問えるのである。また「アルコール嗜癖や人格障害など、病理的診断のつくDV加害者は一部であり、それ以外は精神的に健康な加害者である」と主張する論客も存在するが、これは大変な間違いである。「他者を苦しめる」ことを前提として生きる加害者のライフスタイルは、精神的健康度が極めて低いと言わねばならない。

第3章

加害男性の暴力克服支援の実際

筆者主宰の心理相談センターでのDV問題の取り組み

まず筆者がDV問題にかかわることになったおよその経緯について述べたい。筆者はかつて都内精神科クリニックで、家族内での暴力・虐待による後遺症に苦しむ方々の集団心理療法に携わっていた。そこでDV被害女性に数多くお会いしてきたが、その暴力の実態のひどさに驚愕し、容易ならざる苦しみに触れてきた。我が国では加害男性のモチヴェーションは余りに低く、暴力は止まらないと言われていた。そしてDVは女性の人権問題として被害女性の支援が静かに進みつつあった。

しかし暴力は加害者が生み出すのであり、被害者支援がいかに進展しても、加害者に何もなされなければ、DVは再生産され続けるのは明らかだと考え、筆者が主宰する心理相談センター《メンタルサービスセンター》の機能を拡張し、一九九七年十二月より加害男性への包括的な取り組みを開始した。最初は加害男性専門相談により個人心理療法の経験を丹念に蓄積しながら、一九九八年十月には加害男性自助グループを立ちあげ、一九九九年十一月には協力スタッフを得て、暴力克服ワークショップという集団心理療法のプログラムをスタートさせた。この時点で、この三プログラムを柱とした暴力克服支援のシステムの原形が出揃ったと言える。そして現在、以上の暴力克服プログラムに質的転換が起こっている。それは、これまでの専門相談やグループプログラムの経験を集約して、《多層的介入モデル》という治療モデルを開発、それをもとに加害者治療を精緻化しているという点である。

後に詳述するが、これは、加害男性の脱ＤＶの実現のために、回復の指針と技法を六段階にわたってシステム化したモデルで、加害者治療を進めていく上で大変有益であると実感している。既に学会発表を行い、いずれ専門誌に投稿する予定である。ソフトの蓄積の点も含め、全国で最もプログラムが充実しており、当心理相談センターは今や加害男性を対象とした日本で最初の専門的心理相談機関として発展している。これはもはや単なる個別的な心理相談センターの活動にとどまるものではなく、今後の日本におけるＤＶ加害男性に総合的に取り組む相談機関のモデルケースになりうるものである。

《メンタルサービスセンター》におけるＤＶ問題への取り組みの大枠は以下のとおりである。

1　加害男性への取り組み

◎暴力克服プログラムの実施（詳しくは後述）
・加害男性専門相談（個人心理療法）
・加害男性自助グループ
・暴力克服ワークショップ（集団心理療法）

2　被害女性への取り組み

読者は意外に思われるかもしれないが、筆者は現時点でも「被害―加害」の両者にお会いするという、ＤＶ問題に取り組む専門家としても特異なあり方をとる。後に述べる予定だが、加害者プログラムに携わる者は、被害女性支援を経験していることがきわめて重要である。

◎電話相談

原則は一回のみの相談で、問題を整理し、被害女性への援助ネットワークにつないだり、必要な情報提供を行っている。

◎来所相談

被害女性がカウンセリングを望んでいる場合、他の女性専門の相談室に紹介するのを原則としている。当心理相談センターが加害男性の取り組みが中心である旨をお伝えした上で、希望する女性にのみ、トラウマケアを含むカウンセリングを実施している。

3　臨床家など専門家向けの取り組み

臨床家などの専門家向けには次のようなサービスを提供している。これらの活動の目的としては、次の三点がある。第一に、日本の文化・実情に合った加害者への心理臨床の方法論を整備するという点である。第二に、被害女性支援者による加害者に対する取り組みの不信感・疑念を払拭し、適切な理解の促進をはかることである。第三に、心理臨床家が加害者に対する臨床実践に参画するための障害・抵抗感を軽減することである。

◎加害者の対応法について、相談・医療機関からの電話による問合せに対して助言を行う。

◎『加害者臨床研究会』を月一回開催し、加害者へのアプローチに関しての議論、加害男性のグループ・プログラムの作成、ケース検討、文献講読などを行っている。

◎加害者の個人心理療法（面接法）の理論や詳細な技術に関して、体系的な研修講座を逐次開催している。

4　広域的・公益的取り組み（NGOとしての機能）

◎講演会・シンポジウムなどの開催

◎男性（加害者を含む）に対する啓発活動

『男性のためのDV根絶宣言』ポスター掲示運動の展開などを行っている。

◎アドヴォカシー（社会的提言活動）

国・自治体作成の指針案や答申案への意見書提出、請願署名活動、DV関係法案の公開意見交換会参加、NGOレポート原稿執筆などの活動にも積極的にかかわっている。従来の心理臨床は相談室の中で成果を上げれば十分であったが、DVをなくすためには広く世の中に打って出て、臨床家の立場を生かした新たな認識を迫る取り組みが不可欠である。

◎音楽を通じてのDV問題啓発活動の促進

筆者はある作曲家にDV根絶を願うピアノ曲を委嘱し、現在その曲を活用したDV問題啓発活動を推進するという独自な試みを行っている。これは本書の最後で紹介する。

加害男性のＤＶ離脱のプロセス

現状では加害男性がそれぞれの事情の中で自ら必要性を感じ、自己変革をはかろうとする男性が対象である。これに該当する男性が多数現れるとは、筆者が取り組みを決断した一九九七年頃までは全く予想されない事態であった。しかし訪れる方は確実に増えており、ＤＶ加害の解決のためには、従来語られてきた女性差別の問題と同時に、異なった視点やアプローチが必要になってきた。加害男性がＤＶからの離脱を決意するには多くのバリヤーが存在する。加害者が問題性を認めないためにあらゆる理由づけをするのであるが、自分の行為をＤＶ加害と認識することが、何をおいてもＤＶ克服の出発点である。それゆえ「今までの物事の見方や行動様式が破綻した」という大きなショックを体験することが不可欠である。それでは、男性は実際に何を契機にして加害者プログラムを受けようと決意し、その後いかなる経過をたどるのであろうか。これまでの経験では、以下のパターン分類が可能であり、それぞれ説明を加えたい。

1　婚姻関係

①　別居中の場合

このケースが現在最も多く、全体の約半数を占める。例えば、暴力を契機に、妻が子どもを連れて実家へ戻ってしまった、あるいは、激しい暴力があってしばらく日々が経過した後、仕事から帰宅すると書き置きを残して妻が消えていた、などが発端である。当然夫は何が起きたか最初は分からず、混乱し、必死になって妻を捜したり、妻の実家へ行って話し合う行動をとったりする。これらが直接のきっかけとなって、自分がどれだけ妻をないがしろにし、傷つけてきたかという現実に気づき、これでは何もかも駄目になってしまうと思い、暴力を止めるための専門的な方法はないかと捜し求める。また、これらの別居状態だけでなく、妻が依頼した弁護士から夫に連絡があって、妻が家庭裁判所に離婚調停を出すなどの経過の中で、再同居を考慮する条件として、カウンセリングを受けることが提示されてプログラム受講に至る場合がある。

【加害男性のＤＶ離脱のプロセス】

［婚姻関係］

①別居中

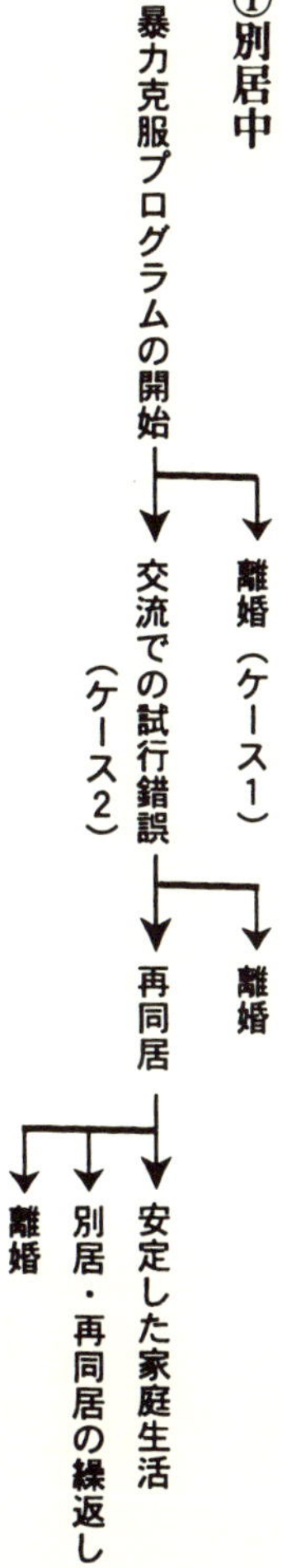

図　5

加害男性は、妻に対して強い精神的依存状態にあり、妻がいないことへの極度の孤独感・虚脱感・将来への不安にさいなまれる。当初、妻が出て行く前の状況に戻すことによって解決しようとして、精力的な探索行動や妻への説得を試みる。しかしそれは本当のDV克服を意図しているのではなく、DVのある関係を復活しようとする努力なのである。そのような急激な不安定状態を経て、自分自身を変える必要性に思い当たる時、本当の治療モチヴェーションに発展する。妻との別離は、人によっては甚だしい虚脱感や恐ろしいほどの寂しさといった、DV離脱の際の禁断症状と称してもよい経験をする。ある方はそれを「自分が狂ってしまったのではないか」と語り、またある男性は手を震わせながらこれまでの自分の行為の後悔や将来への不安を語る。加害男性の中には、妻側の恐怖も全く顧みずに、驚異的な情報収集力を発揮し、居所をつきとめ復縁を迫る者も多いが、これは、以上のような空洞化した内面に向き合うのに耐えられないからである。

このような場合は、個人セッションで、苦痛を語ってもらいながら、一体この異様なほどの〝しんどさ〟は何によって起こるのかを、徐々に了解してもらうよう努めている。適切な認識を得ることは何よりも力であり、心を落ち着かせる助けになる。この恐ろしくしんどいと感じられる内的空虚感は、実は妻が身近にいる時から存在していたのである。妻に継続的な苦痛を与えて自らの優位性を確かめ、妻からの限度を越えた献身を引き出すことによって、ようやく埋め合わされてきた内的空虚感である。これは妻がいないことによる苦痛ではなく、自らの内面の状態によるのであるから、徹底した捜索活動や妻の説得という行動化によって、耐え難い孤独と苦しさから逃げることをせずに、それを正面から受けとめることが王道である。しかしこれは当人にとって非常に恐ろしく、極めて戸惑う事態であるから、専門家からの丁寧なサポートが必要であり、この急激で不安定な状態を乗り切らねばならない。

妻やその親、弁護士からカウンセリングを受けるよう求められた時も、単に「カウンセリングを受ければ同居できる」と考えるのは無意味であり、同居が実現するか否かに関係なく、暴力克服が自分にも家族にも必要だという認識が生まれないと、十分な問題解決に至らない。そうでなければ自分の肝心な問題に触れずして、望む方向に事態を変えたいと願うのに等しい。この状態では何度セッションを重ねても、意味ある進展は望めないので、本当の意味で心の準備が整っていないことを伝え、あえて中止を提案している。自分の中途半端な状態について考えてもらい、新たな決意が生まれた時点で、ぜひ再びお会いしたいと伝える。このような段階を経ることは決して無駄ではなく、何割かは本格的な自己変革にチャレンジできるまで自分を吟味し、セッションで再会する経験をしている。

さて、この嵐のような時期を乗り越えて、自分の問題を解決しようという気力が生まれ、実際に暴力克服プログラムを受ける段階になる。そして何によって暴力が生じるのかを少しずつ理解し、そこから脱するための最初の手ごたえを感じてくると、次のような新たな可能性と困難が生まれてくる。

◆ケース1 (図5を参照)

まずケース1として、夫は妻に未練があり、何とかやり直したい、今度こそ徹底して努力を尽くしたいと思っても、もはや妻側としては夫の存在自体を受け入れがたくなっており、完全に見限っていることがある。これは、夫が現時点でいかに誠意を尽くしたとしても心が動かないほど、妻の心をズタズタにしてしまったからである。夫は、自分の努力を認めない妻を恨みがましく思い、身勝手だと思いたくなる。しかし、この現実は夫の度重なる暴力による結果であるから、残念ながらそのような妻の判断の責任を問うことはできない。このような事態では、男性の変化があるなしにかかわらず離婚を選択する以外になくなってくる。妻と人生を共に出来ないことを受容するのは困難なことで、そのための専門的サポートが必要であるが、これは極めて大切なことである。妻にこれ以上の脅威を与えず、人生の再出発を認めるのは、これまで妻が体験してきた苦痛とは全く引き合わないものだが、パートナーに対して夫が出来うる最後の誠意であるとも言える。こうして夫も人生の再出発をし、同じ過ちを繰り返さない自分を作り上げることに努めていると、本人にとってもそれで十分なのだと感じられてくる。そして離婚を受け入れて、加害男性はプログラムの役割が終わったと感じ、この時点で終結する方は多い。しかし中には、将来、女性といい出会いがあった場合、もう自分は同じ思いはしたくないし、将来のパートナーにも苦しみを味わわせたくない、という思いから、プログラムを継続する方も存在する。その場合、後述の［離婚後］の経過に移行することになる。

◆**ケース2**（図5を参照）

ケース2として、加害男性は妻や子どもと接触することができ、再び家族としてやり直せるか否かの試験期間をもつ場合がある。妻も、不安ながら彼の努力が本物かどうかを見極めたいと思う。しかし、暴力問題を何とか解決してほしいと夫に願っていても、これまで妻はずっと裏切られてきたので、いざ夫が努力を始めても、それが本当に効果があるかどうか不信感が頭をもたげてくる。また、彼からの威圧がなくなるので、これまでの恨みつらみが表面化することも多く、夫の言動に少しでも不快感・言い訳・ためらいなどが見えると、妻は夫を徹底して責めるという事態も生じる。これは、被害側―加害側の「力関係の逆転現象」であり、パートナー同士がDVから離脱する際に、どうしても通り抜けねばならないプロセスである。この点がDVの再燃しやすい要因の一つである。夫はこれまでのDV行為の責任が問われ、妻からは精神的に追いつめられる。ここで踏みとどまり、妻の痛みを最大限理解し、真の誠意ある姿勢とは何かを、(主に個人セッションを通じて)徹底的に探求することになる(後の具体的プログラムの展開の中で詳述)。この逆転現象に加えて、長年問題から目をそらす生き方をしてきた加害者は、自分を変える試みに伴う抵抗という困難が存在する。

さて、このような取り組みを進めても、自分の問題に直視できず、妻の痛みと十分向き合えない限界が生じた時、離婚に至る。妻としては、彼に何とか変わってほしかったけれども、やはり無理だったと諦めがつく。夫は、妻への不満が残る場合もあるが、やはり自分の限界があって妻と大きな認識の隔たりがあり、もはや人生を共にできないことを受容していく。ケース1と同様、多くの加害男性のようなストーカー行為や脅迫を繰り返すことをせず、別離を受容することは加害者プログラムの重要な役割である。

一方、一貫して自分の問題から逃げずに、妻と望ましい関係を作り上げる探求を惜しまない男性も存在する。その場合、妻としては夫の努力や変化を認められるようになり、恐怖感もやわらいで再同居が実現する。そして順調な経過をたどれば、お互いの信頼関係を回復し、安定した家庭生活に移行する。夫は「妻といてストレスも少なくなったし安心できるようになった。家庭生活というのはこのようなものなのだな、と改めて実感する」と、妻からは「前と違って話が通じることが多くなったし、夫といて楽しいと感じられるようになった」といった感想が聞かれることがある。このようなケースは実に幸いと言わねばならない。夫の徹底して偽りを排する努力が必要なのは言うまでもない。それに加えて、妻側の暴力の苦痛の蓄積が甚だしくなく、夫の変化を認められる状態であったということである。このように別居から再同居に至って安定する例は、別居ケースの二分の一から三分の一の間である。半数以上は暴力によるダメージが決定的で、すでに妻にとって夫を拒否したいまでになっており、修復不可能になっているか、または妻にとって限界寸前で夫婦ゲンカが一度または数度重なると、もはや耐え難く、離婚に踏み切るというケースである。別居の場合、何度も別居を経験し、妻にとって期待を裏切られ続けてきて疲弊している場合が多く、総じて夫が暴力克服にチャレンジする決意に至るのが遅すぎる。何事も同様であろうが、相手の余力があるうちに問題解決に努めるのでなければ、功を奏さないのである。

このように安定した家庭生活が実現する例だけではなく、別居と同居を繰り返しながら、双方とも別れがたいケースも存在しているが、いずれ夫の自己変革の歩みがまさるか、妻の限界がきて離婚するかの結論がつく。もちろん再同居後に、やはりここまでやってきたがお互いに家庭を営むのが無理という決断をし、離婚するケースもある。

② 同居中の場合

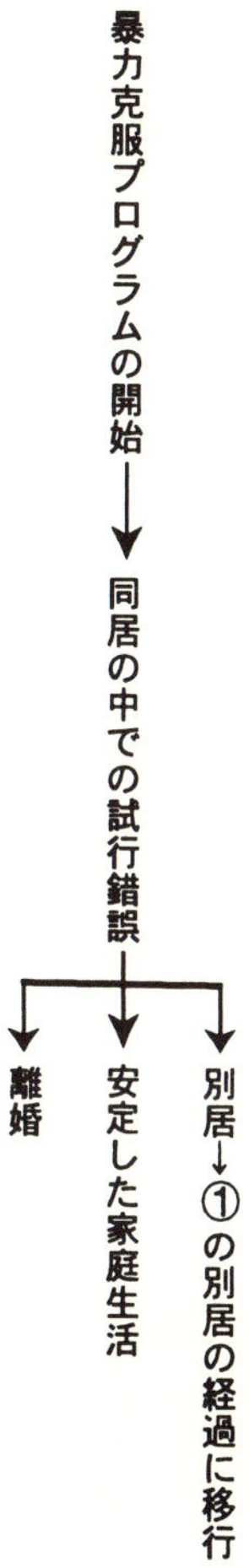

図　6

別居時よりは若干数は少ないが、同居中にDVを解決しようと決意する男性も比較的多い。全体としては図のように三種類の経過をたどることになる。別居の場合、もう妻がこれ以上苦痛を耐え忍ぶわけにいかない状態になってから、夫も追い詰められてようやく本気で暴力克服に至る例が非常に多い。同居中に男性が脱DVの取り組みに着手した場合、妻のダメージの蓄積が別居時に比べてやや少なく、夫の変化を見守ることができる範囲にとどまっていることも多い。

それでも楽観は許されない。同居時の最大の難関は、別居時にも述べた夫—妻の「力関係の逆転現象」である。妻としては、これまでの暴言によって傷つけられ、殴られた時の恐怖が夫の些細な言動によって蘇り（PTSDの症状も含まれる）、不信感がつのり、妻は夫を徹底して責める。「あなたが本当に暴力が止まるなど、信じられない。早くその証拠を見せてほしい」と、相手を問い詰める。夫はもう暴力はしないという思いを伝えるが、妻にとって説得されると一層の不信感が増大する。これは妻が夫を追い込んで暴力の引き金となっているように見えるのだが、実はそうではなく、これまでの度重なる夫の暴力の結果なので、夫への理解を妻にこれ以上要求するのはフェアではない。夫は自分の弱さも見つめながら、これまでの暴力が妻に与えてきた苦痛・惨めさ・怒りがいかに大変なものであったかを直視し、誠意をもって対することが求められる。この過敏とも見えかねない妻の反応や攻撃は、夫を混乱や無力感に陥れ、暴力の再発をはらむ状態が続く。同居の場合夫の存在が身近なため、過去の行為に対する妻からの責任追及は厳しくなる。

加害者は暴力にまで転落する悪循環のコミュニケーション・パターンの修正や、妻に対する非現実的な思い込みの修正が十分成果をあげるだけでなく、このような妻からの過去の暴力行為の責任追及に対し、しっかり踏みとどまらねばならないが、それをねばり強く実現していくと少しずつ信頼関係を回復していく。そして、以前よりも良好な夫婦関係を築くことが可能なケースは確実に存在する。しかし、集中的取り組みが終わった後も、ＤＶ再発防止のためだけでなく、誰にとっても安心と信頼の家庭生活のために、時折グループ・プログラムに参加することは必要である。別居・同居ともそれを奨励しており、数少ないがそのようなフォローアップ的な参加の方も存在する。お互いが再出発を期する意味で法律上離婚し、事実婚の形式に変えて、同居の家族として継続するケースもある。場合によってはこのような区切りをつけ、新しい家族を作り直す決意とすることも意味があるだろう。

もちろん、夫本人の努力が中途半端で、妻のダメージの理解などが十分でない場合、別居に至るケースも少なくない。この場合、先述の別居時のプロセスをたどることになる。夫が専門的プログラムを受け始めても、妻が限界に近づいた場合、一度あるいは数度の夫婦ゲンカなどのトラブルによって「やっぱり一度は期待したけれど、カウンセリングに通っても夫が変わるまでは、自分は耐えられない」と判断し、離婚に至るケースもある。各ケースで全く諸条件が異なるが、現在のところ、ＤＶの破壊的影響力を清算できて、安定した家庭生活に移行できる確率は別居時より高いが、50％程度であろう。これは、米国の加害者プログラムの効果の調査を知る方にとって「高すぎる」と思えるかもしれないが、モチヴェーションの比較的高い加害男性のデータである点を忘れないでいただきたい。

2 離婚後

①　離婚直後

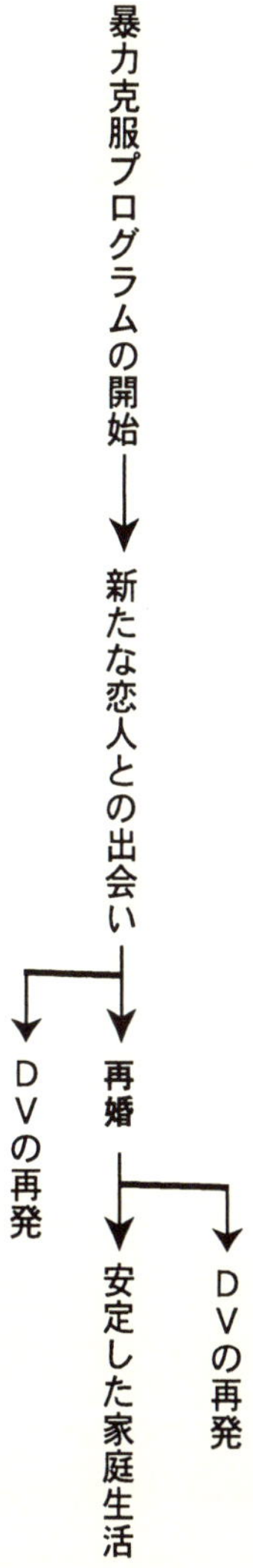

図　7

法律上は婚姻中だが実質は離婚状態の場合と、離婚直後の場合が、このケースに相当する。この状況で暴力克服に着手する方は、妻との別れを心底では容認できていないことが多い。名状しがたい寂しさに襲われ、酒や新たな女性との出会いにより精神的飢餓感を埋め合わせたい衝動にも駆られる。しかし、これは当人も内心分かってはいるが、自分を痛める行為であり、自らを大事にする結果を生まない。この別離の痛みを乗りきるためには、飲酒などによって目をそらすのではなく、内側の喘ぎ・悲嘆・孤独感とありのままに向き合い、真に自分をいたわる作業が必要である。特に加害男性の場合、自分の生き方を見つめることに不慣れなので、別離を受容していくためのセッションが重要である。人生を共にしてきた配偶者との離婚は誰にとってもつらいものである。しかし、このような精神的危機の状況であるからこそ、本当の意味で自分を大事にすることを学び取ることが必要なのである。

さて、暴力の課題に向き合うには、精神的にある程度落ち着き、「孤独でいる能力」を内側に感じとっていなければならない。離婚に伴うこのような精神的嵐のような状況を通り過ぎて初めて、何が暴力を生み出したかを明確化するために、元妻とのコミュニケーションの問題点の改善を試みる。今後へ向けての元妻との現実的な調整のサポートも行うことがある。

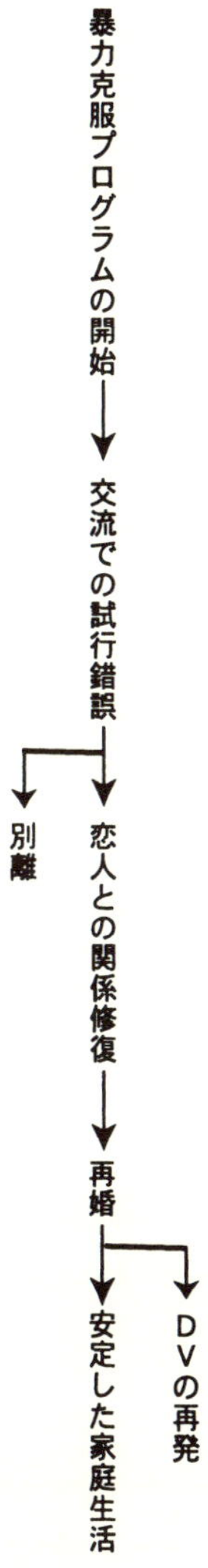

図　8

② 離婚後に恋人関係でＤＶ再発を契機とした場合

これは、離婚後年月を経た後に取り組みを開始するケースである。自分のこれまでの行為を悔やみ、二度と繰り返したくないという思いで訪れる。このような方は、過去の結婚で「もう暴力はしない」と心に誓っても、女性とつき合う段階になって、再び暴力に訴える衝動を感じたり、実際に暴力行為に至ったことをきっかけにしている。そして自らの暴力の種が消えていないことに驚き、何とかしなければ以前の二の舞いになりそうな危惧を感じて、暴力克服の決断をする。ＤＶによる結婚生活の破壊が一体いかなるものだったか、大部分の加害男性は過去を忘却に追いやり、学ぶことなくＤＶを繰り返すのである。離婚後に特定の女性がいなければ、ＤＶが顕在化しないのであるが、離婚後のＤＶ防止も見逃すことができないであろう。

離婚後の例はいまだ少ない。①②どちらの場合も、過去の結婚生活で何が間違いで暴力に転落していったか、元妻にどれだけの苦しみを負わせてきたかに直面し、戸惑いながらも自己変革の道を歩んでいく。図8の経過のように、暴力克服プログラムを断続的に受けた後に再婚を果たした方の数は、少ないが存在している。また、いまだ筆者は経験していないが、可能性としては再婚後もＤＶの再発はありうるので、図に表示している。その場合、加害男性の暴力克服支援は予断を許さないものになり、以前に増して心を引き締めての取り組みが必要になるだろう。

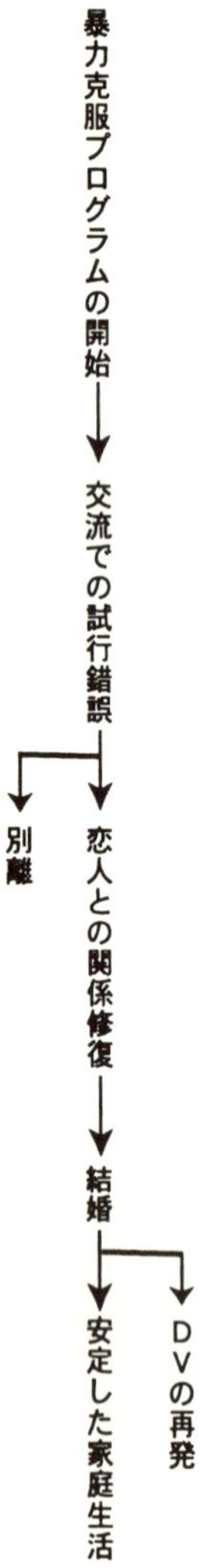

図　9

3　恋人関係

恋人との交際で暴力まで至り、自分でもこれはまずいと考えたケースや、恋人から「暴力（暴言）をやめなければ、もうつき合わない」と断言され、目を開かされてプログラム参加につながるケースである。結婚生活を経験せず、恋人関係で起こったＤＶの場合の参加は数が少ない。しかも、大部分が後述の暴力克服ワークショップと自助グループの参加で、専門相談の例は極めて少なかったが、最近は増加傾向にある。このケースは別居後に暴力克服の取り組みを開始した場合の経過に準じる経過をとる。恋人関係の加害男性が暴力克服プログラムにつながりにくい理由は明らかである。結婚生活の場合、人生を共にしたことの避け難い現実の重さがあり、加害男性にとって自分を変える問題意識がまさに切実と言える。恋人関係の場合、生活という現実がないため、問題から避けようと思えば避けやすく、それがプログラム参加者を少なくしているのである。

暴力克服プログラムに自発的参加が可能な加害男性の層

以上のことから、暴力を止めることなど不可能とされた加害男性も、幅広い層が存在するのが理解できるだろう。次ページの図10を参照しながら、どのような加害男性が暴力克服へと向かうかを整理したい。一番右端の「脱ＤＶの境界域」は、ここから右に進むと、男性が脱ＤＶの取り組みを開始する境界閾で、ここから左方向に距離があるほど、ＤＶからの回復が困難になることを示す。

最も右側に近いのが「暴力はいけないことだし、やりたくないが、止められない」と認識する加害男性の層である。例えば、子ども時代をＤＶ家庭で過ごした男性の中には、父から母への暴力がとても嫌だったことから「自分が家庭をもったら妻には絶対に父親と同じことはしたくない」との思いをもつ方は少なからず存在する。しかしそれを避けたいと思っても、親世代と同じ行為を繰り返してしまうのである。このような層は暴力克服の必要性が顕在化した際に、適切な情報提供がなされれば、

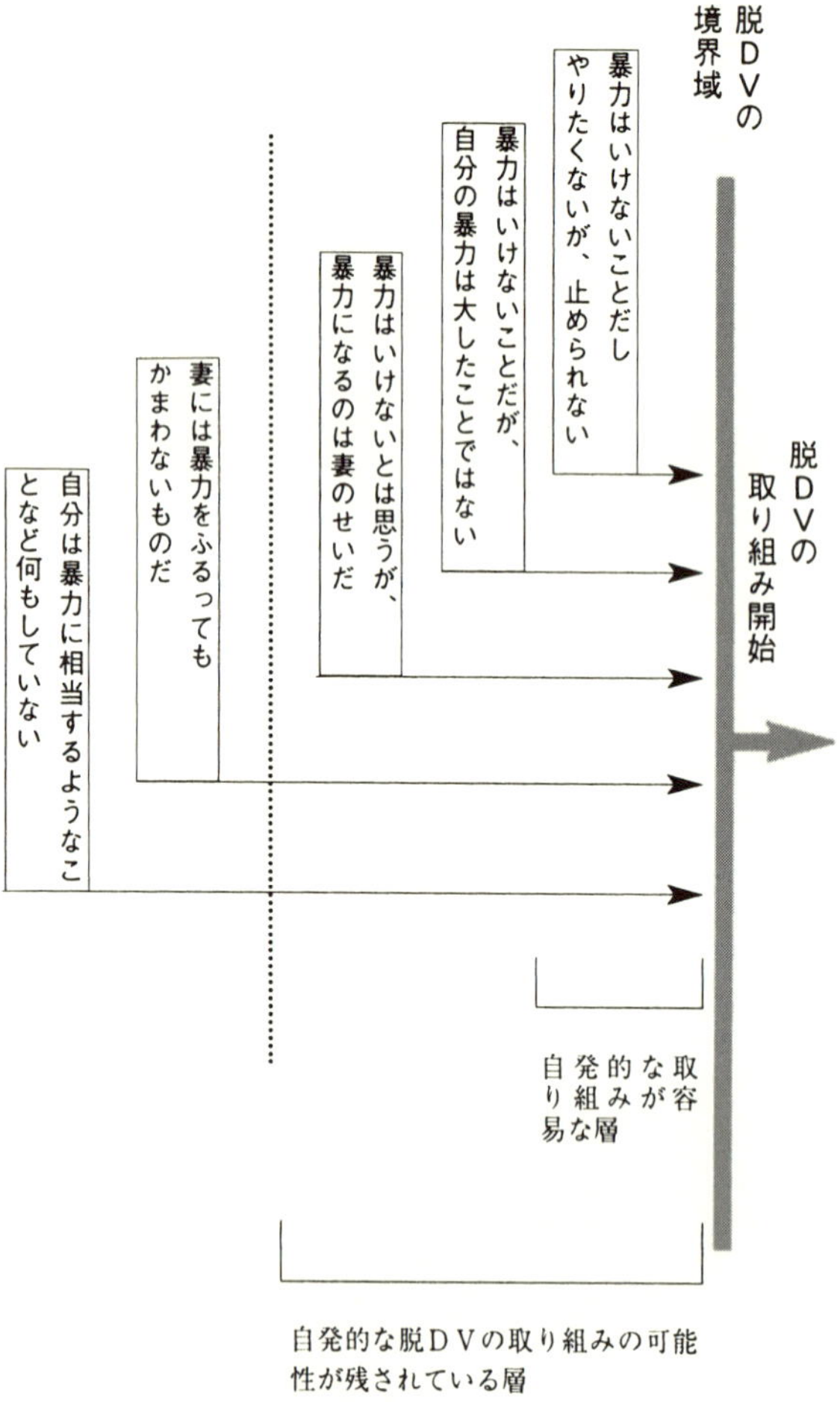

脱ＤＶの境界域
暴力はいけないことだし やりたくないが、止められない
暴力はいけないことだが、自分の暴力は大したことではない
暴力はいけないとは思うが、暴力になるのは妻のせいだ
妻には暴力をふるってもかまわないものだ
自分は暴力に相当するようなことなど何もしていない
脱ＤＶの取り組み開始
自発的な取り組みが容易な層
自発的な脱ＤＶの取り組みの可能性が残されている層

図10　加害男性の暴力の認識と
脱ＤＶの取り組みの困難度

比較的容易にプログラムにつながることができる。

二番目に右側に近いのが「暴力はいけないことだが、自分の暴力は大したことではない」と認識する層である。これは暴力の重大性の否認である。例えば、妻が大怪我をして、近所中大騒ぎになって救急車を呼ぶ事態になった。／子どもに不登校やチックなどの問題が出て、妻から夫の暴力の影響だと告げられる。／暴言をきっかけに妻が実家に帰り、再同居の話し合いをしても並行線になっていたところ、妻が家庭裁判所に調停を出し、その通知が届いて、「ここまでの決意に至っていたのか」と夫は重大性に気づく、など、その結果から暴力が相手にとっていかに深刻な影響を与えていたかを知り、それを真剣に受けとめた場合、暴力を止める決意に至る男性が存在する。

右側から三番目が「暴力はいけないとは思うが、暴力になるのは妻のせいだ」と認識する層である。これは責任の否認である。二番目の層の人々は「暴力は大したことない」と思い込んでいたために、事の重大性を認識すれば、行動を起こす可能性がある。しかし三番目の層の男性は、事が重大であっても妻が悪いのであるから、自分が改める必要なしとの認識をもっている。自分の方がつらい思いをしていると認識するため、二番目の層より脱暴力の開始が困難である。三番目の層の男性は、一見妻が原因と思えても、自分の行為の結果である点に思い至った場合や、妻が原因であっても、暴力が実に惨憺たる結果を生むので避ける以外にないと認識した場合、脱DVの決意をもつ。

しかし、自発的に暴力克服への道を歩もうとする加害男性は、ほんの一部にすぎない。点線は取り組みが可能な限界を示している。「妻には暴力をふるってもかまわないものだ」という暴力の正当化、

「自分は暴力にあたることなど何もしていない」という暴力の存在すら否認する加害男性、これらは現段階では脱ＤＶが望めない人々である。加害者プログラムの法的義務化などが行われて、やっと点線の左側の男性、および点線の右側の大部分の男性がプログラムに参加することになる。

暴力克服プログラムの目的

以上のことから、加害者プログラムの目的は、「暴力を止める」のみに終始するほど単純なものではないことが分かるであろう。それは次の三つの側面に集約できる。

（1）暴力のないライフスタイルを作り上げる。
（2）可能な場合はパートナーとの関係修復を支援する。しかし、現実には修復不可能な場合も存在し、その際には別離を受容し、再びＤＶを繰り返さない生き方を支援する。
（3）「親密性の能力」を活性化する。

それぞれについて以下に説明する。

◆（1）の場合

この点についてはほとんど説明を要しないであろう。他の嗜癖、例えば過食症の回復の場合、過食行動は収まらなくても症状に対する嫌悪感が軽減したり、過食の時間や回数が減少することは、確かに成果である。しかしＤＶの場合、暴力行為・暴言が減少したとしても必ずしも成果とは言えない。このような場合、加害男性は自分の変化の自覚があり、それをパートナーにも認めてほしいという気持ちが強くなる。しかし被害女性にとって、男性の暴力行為・暴言が減少したとしても、それが安心につながるのではなく、かえっていつまた暴力が起こるか分からない恐怖のほうがつのり、かえって苦痛が増す場合も多い。ＤＶの解決の場合、何が成果かは被害側の認識のもとで評価されねばならないのであって、あらゆる暴力が止まることが大前提である。

◆（2）の場合

被害女性が彼の暴力克服と復縁を望んでいる場合、加害男性も着実なＤＶ離脱を実現することによって、婚姻関係ならば「家族の再統合」を促進していく。一方、多くの人々は、加害男性の暴力が止まって、家族が再出発をすることが加害者プログラムの成果と考える傾向にあるが、これは誤解である。これまでタイプ分けされた暴力克服のプロセスで見てきたように、慢性的な暴力のダメージにより、被害女性にとって相手は恐怖と嫌悪感しかない、またはその寸前にまで追い詰められていることも実に多い。この場合は、別離を心から受容し、現実的にも精神的にも、これまでの結婚生活を清算するサポートを行うことが最大の目的となる。被害女性支援の方の中には、「加害者プログラムはパートナー関係を復活させることを目的としている」と考えたり、「加害者プログラムは、加害男性がカウンセリングによって変わりうる期待をかけさせ、被害女性が別れにくくする要因を作っている」

と批判する方もいる。以上のことで理解できるはずだが、これは全くの誤りである。確かに夫婦・恋人関係をやり直す方向に支援するケースもある。しかし、男性・女性とも互いの未練を断ち切って、人生を共にするのはもはや幻想であることを受け入れる方向に支援することも多い。自分を変える姿勢のない男性、あるいはＤＶ克服に限界のある男性には、女性にも男性にも、むしろ別れを促進するのが加害者プログラムの役割であり、両者を分かつ分水嶺をひたすら見つめる営みなのである。

別離か復縁かを分かつ要素は次のようなものである。

a　加害男性から全ての暴力的要素がなくなる。

b　加害男性が、パートナーのダメージを最大限に理解し、彼女から怒りが向けられる事態のつらさゆえに自分をごまかすということをせず、誠意ある姿勢を貫く。

c　パートナーのダメージの蓄積が、男性の存在を拒否するまでに至っていない。

これら全ての条件が実現しなければ、別離へと向かわざるをえない。この場合、パートナーが加害側の変化・努力を認めるかどうかは、あくまで被害側の選択である。なぜなら、暴力によってパートナーの全人格を否定し続ける行為は、本来あってはならないことであり、それほどの負担をかけた側が要求できる余地は、もはや残っていないからである。この厳しい側面を心底理解し、自分が与えてきたパートナーの痛みに向き合おうとする偽らざる思いがあって初めて、彼女からの信頼を回復する可能性が生まれる。筆者は、これらの努力によって暴力が帳消しにできないことは疑いのないとしても、加害男性がこの自己探求を貫く営みは人間として正当なことと考える。しかし、パートナーの余りのダメージの深さのために、これが最大限になされたとしても届かない現実は存在するのである。

別離のサポートは、必要以上に過去の生活にしがみつき、元妻や子どもに会うことを強要したり、ストーカー行為に発展するのを防ぐことでもある。「別れたら死んでやる」「別れたら一生お前につきまとってやる」と脅す加害男性が多い。しかし、もはや復縁の可能性が皆無であるにもかかわらずしがみつくことは何も生み出さないことであって、現実逃避にほかならず、空虚な人生と言わざるをえない。しかも別れた妻や子どもにとって、いつ元夫が押しかけてくるか分からないので、結婚時の暴力に脅えた暮らしから離れても、ずっと脅えた生活を送ることになる。これは余りに悲しい人生であり、誰にとっても有益とは言えない。自分の望みとは正反対の人生を受け入れる痛みを伴っても、離婚後の元妻に安心した生活を保障できる力こそが、加害男性のDV克服であり、人間的成熟でもある。別離という動かしがたい現実と虚ろなファイトをせずに、現実から出発することが、何物にも代え難い自分の人生を創造することである。必要な別離ができることは決して敗北でも失敗でもなく、精神的健康さの証しであって、そのプロセスを促進するのが加害者プログラムの重要な役割である。

◆（3）の場合

加害者プログラムの目的は、あらゆる暴力をなくし、復縁が無理ならば別離を受容するというだけではない。その究極の目的はその先にある。DVとは第2章の図4「DVを生み出すジェンダーの階段構造」で説明したように、男性がパートナーを身体的・精神的に殴打し支配力を行使し、弱者を作り出さなければ安定して生きられない構造をもった人権侵害であり、同時に嗜癖の病理である。その根底にあるのは、男性にとってパートナーとともに生きる際の親密性の欠如という「精神的貧困」である。リリアン・ルービンは『夫／妻　この親密なる他人』（垣内出版、一九九八年）で、親密性とは「恐れや依存したいという欲求からではなく、他人の内面生活を知り、自己の内面生活を他者と分かち合いたいという願望から出た、感情や考え方のある種の相互言語表現」だと述べている。これは互いの弱点を隠さずにオープンにしつつ認めあい、相互の欲求を満たしあうことができる能力である。それぞれが自立していると同時に信頼関係を築き、対等に協力しあえる関係であり、相手を満たさなければ自分も満たされないという依存関係も越えている。自分とは異なった存在として相手を認め、それぞれが十分に生きつつ絆としてつながっている、そんなあり方を男性が獲得することである。

それは男らしさのジェンダーが要請する生き方とは全く逆の関係にある。ジェンダーを支えとして社会に過剰適応を図ってきた男性は、そのようなありのままの自分に触れることこそ恐怖であり、表現することも拒否する。男性にとって、「自分が尊重され、異なる考え方をもつ者として認められることを女性に求める」ことと、「女性自身が尊重され、異なる考え方をもつ者として認められることを男性（自分）に求める」ことが同等であると自然に感じられること、さらに心から互いの気持ちを分かち合いたいと望み、それを実現する努力を惜しまない生き方は、ジェンダーに束縛されてきた男性にとって実感の薄いものであったと思われる。そのような健康な親密性を心から求める男性は、個別的に存在していても、文化・社会的な脈絡の中で論じられることは近年までついぞなかった。筆者のような心理臨床家は、男性が自らのありのままの姿を認め、信頼することを体験し、それが同時にパートナーのありのままの姿の肯定と信頼を実現する方向に、心理臨床的方法論を活用しながら支援することになる。すなわち、加害男性の暴力克服支援を心理臨床家が実施することは、実質、脱ジェンダーとしての男性の自己実現を支援するに等しいのである。

それぞれが限界をもち、しかも二つとない価値ある存在として認め合える姿勢を目指したいと思うカップルは少なくないであろう。しかし、生活という現実の中で、互いの利害や「自分の信条こそ正しいと信じたい」という誰にもある傾向を継続して乗り越えていきたいとの思いを共有できる夫婦・恋人関係は、この世にどれだけ存在するであろうか。

先に、別居後に順調な進展をみせたケースとして、夫は「妻といてストレスも少なくなったし安心できるようになった。家庭生活というのはこのようなものなのだな、と改めて実感する」との感想、妻からは「前と違って話が通じることが多くなったし、夫といて楽しいと感じられるようになった」との感想を紹介した。これは本当の意味での対等な信頼関係にもとづくパートナーシップに、若干でも近づいていることとの兆候である。男性にそのような親密性を希求する切実性をもちうるかどうか、これからの時代は確実に問われるであろうし、実はその最大限に厳しい契機がＤＶ加害なのである。

暴力克服支援の枠組み――加害者臨床／加害者の更生のための治療

筆者は暴力克服支援の経験を通じて、従来の心理臨床とは異なるスタイルの必要性を感じており、それを「加害者臨床」と呼称している。これまで概観してきたことを総合すると、DV克服のためには次の二つの柱が必要と考えられる。

（A）暴力を生み出す自分の問題に直面し、暴力行為をなくす。

（B）被害者に与えてきた苦痛に対して責任をとる。

（A）は、従来の臨床実践と基本的に変わらない。DV加害は暴力行為が全て消失しなければ無意味なことは、何にもまして明確である。

注目すべきは（B）であり、これが従来の臨床と決定的に異なるポイントである。パートナーと同居、または交流がある場合、加害男性が暴力克服の歩みを始めると、女性からこれまで踏みにじられてきた数々の出来事をもちだされて、徹底的に責められる状況、すなわち「力関係の逆転現象」が生じる。従来の心理臨床は、自分の身に起こることは自分で責任をとることを基本にしてきた。すなわち問題行動や症状は自分が起こしていることを前提に、自らがコントロールする方針をとる。他者に起こっている行動・問題はその当人が責任を負い、解決すべき問題であって、他者の問題に対して自分が責任を負っているとは考えない。例えば対人恐怖の人は、自分の言動や存在が他人に不快を与えていると気に病む傾向にあるが、これは他者の行動や感じ方が自分の責任であるとする故の苦しみである。他者の責任を自分が背負う姿勢が、問題を生産し維持するのである。しかし加害者のDV克服のためには、他者（被害女性や子ども）の問題・感じ方・行動に対して責任を負う、という従来の心理臨床にはない側面が不可欠である。なぜなら「被害―加害」関係が本来守られるべき尊厳を破壊したという重い現実を含んでいるからであり、これは人権の側面を組み込んだ心理臨床の構築を意味している。

被害者はPTSDなどの精神身体的症状をもつことも多い。しかしその苦痛は加害者によって引き起こされたものであり、仮に暴力行為がなくなったとしても、適切な専門的ケアを受ける機会がなければ苦痛を経験し続ける可能性が高い。また、PTSDに対する専門的ケアを受ける機会を得たとしても、回復努力は被害者自身のものであり、加害者の努力とは直接何の関係もない。例えば、被害女性からは「私が、彼からずっとたたかれたり、侮辱されてきて、つらくてたまらないのに、なぜ自分が努力して心の傷を癒すカウンセリングなどを受けなければならないのか。こんなに苦しいのは彼のせいなんだから、彼が償って直接私を治すことをしなければ納得できない」という思いがしばしば語られる。被害者にとってこの本来的な理不尽さは納得できないものである。

DVは親密な関係で起こるので、離婚後に絶対に会わない選択をするのでなければ、関係が継続するということである。関係が継続する以上、被害者からこれまでの加害行為を責められる「力の逆転現象」において、加害者は被害者からの責任追及に最大限の誠意をもって応えなければならない。これなくしては被害側は納得がいかず、加害側からの関係改善は不可能である。加害者は被害者の痛みに共感する力を取り戻し、責任追及から逃避する姿勢をもたず、その時点で何が本質的に求められているかを見いだし、ぎりぎりの自己表現をしていかねばならない。「加害者臨床」はそのような局面で有効な心理臨床的支援を重視する。

DVは許されざる行為であり、被害者にとっては恐怖や屈辱に満ちた理不尽さ以外の何物でもない。従来の臨床家が必須のこととしてきた中立的姿勢を「被害―加害」関係の中で持ち続けたとしたら、被害者にとっては耐え難い経験となる。それゆえ被害者の臨床は、まず相手の体験に最大限に寄り添うことから始まる。その典型はフェミニストカウンセリングであり、女性がおかれている男性からの抑圧構造が女性の精神的問題に反映し、共通な痛みをもっている女性として、同等な立場で支援していこうとする。ここには明確な価値観があり、決して中立ではない。そして「加害者臨床」も、それに対応するような、しかも臨床家が被害者に対する姿勢とは異なる世界観をもった臨床となるのである。C・マダネスは『変化への戦略――暴力から愛へ』（誠信書房、一九九六年）で、暴力にかかわる臨床について「（心理療法の）目的とするものが、どうしても道徳的価値と結びつかざるをえない」と述べている。そのように、加害者治療のプロセスでは、自己防衛に陥る人間の弱さを見つめつつ、被害者に対する真の誠意とは何か、贖罪とはいかなることか、加害側に働きかけることによる公正さの実現はいかにして可能か、など、人権の領域にかかわる価値判断を避けて通れない。そのように中立性を超えて倫理や価値にかかわる臨床が「加害者臨床」の特殊性であると、筆者は考えている。以上のような特殊性は、心理臨床と人権運動という原理と方法論の全く異なる両者が、同じDV問題の領域で実践している現実から生じている。それゆえ、DV加害者治療の本質は、加害男性の更生を目指す治療と言える。

三種類の暴力克服プログラム

（1）加害男性専門相談

筆者が体系化している加害者治療のプログラムについて簡潔に述べたい。加害男性専門相談とは、後述の治療モデルによる指針を活用しながら、DV加害の問題をトータルに解消するために行われる個人心理療法である（第4章で詳述）。それはパートナーとの具体的会話の検討や改善、暴力を生み出す思い込みの修正という、現実レベルに近い取り組みから、ジェンダーに基づく嗜癖の根底にある無価値感・無力感の解消という精神内界の深いレベルの変化を、段階的に促進していくものである。

加害男性は、別居直後の精神的危機、妻から非難や不信感が向けられるといった「力の逆転現象」、妻の両親と話し合いをして罵倒され事態がこじれる、妻が行方不明になって先の見えないつらさなど、回復途上で様々な困難に出会う。専門相談では、これらの状況にきめ細かく対応し、自らを支える力を培う取り組みや、相手に対して誠実さを失わないための徹底した探求、具体的助言などを実施していく。

きっかけは何であれ加害男性は自らの選択で来訪する。「妻（恋人）とやり直したい」という気持ちから、個人セッションを受ける決心をするのであるが、これだけではモチヴェーションは不十分である。第一に、妻（恋人）・子どもを傷つける生き方は毛頭したくないと思い、暴力を伴う生き方から脱却したいと心底願う必要がある。第二に、妻（恋人）・子どもの苦しみや恐怖、そして惨めな思いをさせた事実に向き合おうとすることである。個人セッションを受ける動機が「妻（恋人）とやり直したい」のみであるとしたら、自分の空虚感・寂しさを埋め合わせたい、今後の人生が描けない怖さから目をそらしたい、という逃避の姿勢に基づいている。それはDV離脱のための本質的変化を拒否しているので、いずれDVが復活することになる。暴力を伴う生き方からの脱却を願う姿勢は、自分に対する誠実さによって実現する。相手への痛みを理解する姿勢は、真の意味での妻（恋人）・子どもに対する愛情の力によって実現する。

加害男性が筆者と個人セッションで会う場合、被害女性は別の相談室でカウンセリングを行うことを原則としている。夫婦療法は原則行わないのである。なぜなら「被害—加害」関係は利害が非常に対立しているため、同一のカウンセラーであると、それぞれが自分の味方にひき入れようとする動きが無意識に生じて、全体の関係が壊れやすいからである。しかし幾つかの条件がクリアできた場合、例外的にカップルの継続セッションを行うこともある。それは、加害男性の回復が進み、パートナーに脅威を与えず、相手を十分尊重できるコミュニケーションが可能となり、同時に女性の方も彼に恐怖感をもたないで、彼の言動の改善を認められた段階である。そして、互いの関係を再建するための協力を一層強化したい思いが一致し、パートナーとして共通の課題に取り組もうとする機運が生まれた時カップルのセッションが成果を上げるケースも存在する。しかし、それはあくまで例外である。

(2) 自助グループ

(1) 自助グループの概要

自助グループとは、共通な問題・障害をもった当事者が集い、相互に支えあい、各メンバー自身の力で新たな生き方を活性化しようとするグループである。断酒会の暴力版と考えてよい。暴力のない生き方を願う男性のみが集まって、自らを語り、他者の話に耳を傾け、内省していく体験である。例会は2時間で毎月2回、平日夜に開催され、参加費は五百円と低額である。自助グループの名称は『妻・恋人への暴力を止めたい男性のための自助グループ』で、その英語名及び略称は"Men's Group willing to stop Violence＝MGV"である。そして《メンタルサービスセンター》にかかわる心理臨床家がボランティアとして運営にあたっている。現在は純然たる当事者運営のグループに発展することを前提とした過渡的な段階である。自助グループの要《かなめ》は「言いっ放し、聴きっ放し」という時間である。これは語られた内容に質問をされたり、批判・賛意・評価が伝えられることなく、話す側は話すのみで、聴く側は聴くのみというルールでグループを行う方式である。これに初めての参加者は戸惑うことも多い。通常のグループでは、誰かの話を受けて、それに触発された話を語ったり、自分はそう思う、思わないなどの意見がはさまれる。また、互助のグループだから、アドバイスしあうことを期待して来られることも自然と言えば自然である。しかしこの「言いっ放し、聴きっ放し」は、長い間自助グループという文化が培ってきた、独自の知恵の結晶である。お互いが安全に自らの内面に向き合うために、自分の語った体験が批判されず、尊重しあうための特別な工夫である。そして持ち帰りたいものは持ち帰り、持ち帰りたくないものはグループの場に置いていくのである。

(2) 例会のプログラム内容

プログラム内容について述べたい。毎回のように顔を見せるメンバーもいれば、数カ月に一度、一年に一度の参加など様々で、顔触れがかなり変わる。このようにグループとしての凝集力が弱く、セルフヘルプの力が育つのはこれからなので、グループのリードは運営スタッフが行い、現在、自助グループとしては変則的な以下の進め方をしている。

［例会前半］

例会の時刻が近づくと、メンバーが一人、また一人と会場に現れる。遅刻をしても拒まれることはない。仕事帰りに一時間以上遅れての参加の方もしばしばである。初参加の方にとっては、当然どのように会がもたれるか分からず、不安でもある。そこで、この自助グループの趣旨や会の進め方などを記載したプレートをまず読んでもらい、この場がこれからどのように進むかを理解していただく。不明の点については質問も受ける。定刻を若干過ぎるまで雑談などをしながら、区切りのいいところで例会が始まる。

①自己紹介

やはりグループの開始には自己紹介が不可欠である。この場にどんな人がいるか分かることで、いくばくかの安心をもたらしてくれる。あえて実名を名乗る人もいないわけではないが、別名やイニシャルを用いる。初めての方には自己紹介の際にその場で称する名前を考えていただくことになる。自己紹介では、職業や詳しい現在の事情などは特に話す必要もなく、今日どのような思いで会場に足を運んだかについて、一言ずつ語ってもらう。運営スタッフは二人体制で、筆者を含むスタッフも自己紹介をする。

②エクササイズ(実習)

次に、初めて参加の方も可能なエクササイズ(実習)を一時間ほど行う。これは例会で自らをオープンにしやすくする下地作りであり、グループのウォーミングアップの役割を果たす。もちろんこのエクササイズに参加するか、その場で見学するか、その選択は自由にできる。これまで実施してきたエクササイズの例を幾つか挙げてみたい。

KJ法『DV問題が解決するために必要なこと』

DV問題が解決するために必要なことを、何でも思いつくままに当方が用意した小さな紙に書きつける。一つの事柄は一枚の紙に書き、複数の事柄は書かない。例えば、「シェルターをたくさん作る」「DVの24時間ホットラインを設置する」「全国で暴力克服を目指す自助グループが行われるようになる」「TVでDV撲滅のためのキャンペーンが流されるようになる」「法律で加害者プログラムの受講義務が制定される」などを各メンバーがそれぞれの紙に書き、それをできるだけ多数集める。その後、全体で持ち寄ってから、参加メンバー全員で話し合いながら、各紙片で関連のある内容のものをグループ分けし、グループ間の関連性も考えて、『DV問題が解決するために必要なこと』というテーマでのマップを作っていく。そして完成したマップを見渡しながら、各自の感想を話し合う。自分がDV問題の取り組みの全体の中でどこに位置し、今何をなしつつあり、将来に向けての思いを共有することができる。

コラージュ

まず写真が多数載っている雑誌・パンフレットを用意する。その中から気に入った写真や絵をハサミで切り抜き、それを画用紙に並べて貼ることによって作品を作る。だれでもイメージのおもむくままに作品を構成し、自分の思いを表現できるアートセラピーである。可能なテーマを考え、作品完成後に感想を話し合う。自分の思いをヴィジュアルな表現であらわすことにより、言語を介する以上に直接伝わってくるインパクトがある。現在の自分がどのような問題意識で、どこへ向かおうとしているかが如実にコラージュに表現され、また作った感想が語られ、しみじみとしたグループでの共感が広がることがある。加害男性はこのように自分をオープンにすることに抵抗感があるので、自分がありのままでも、安全であることを体験することは意義がある。

「暴力否定派」と「暴力肯定派」の対話（図11）

これは簡単な形式の心理劇である。ペアを組んで、「暴力否定派」の役割の人と「暴力肯定派」の役割の人を決める。「暴力否定派」、「暴力肯定派」はそれぞれの立場での主張を続け、五分間お互いに目一杯主張しあう。そして、自分が主張する時に何を感じたか、相手から言われて何を感じたか、について感想を話し合う。次に役割を交替し、同じように5分間主張しあってから、同様に感想を話し合う。大抵はどちらかの主張の方がやりやすかったり、自分の中で矛盾を感じたりする。そして自分が暴力に対して、本当にどのような姿勢で生きているのかを気づくことができる。

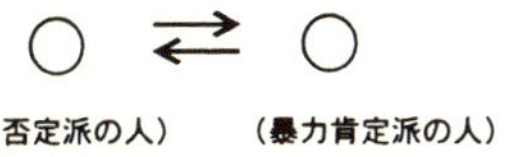

図　11

自己肯定の言葉の体験（図12）

まず、自分を肯定する言葉として思いつくもの（例えば「何とか苦しいながらよくやってるじゃないか」とか、「まっすぐな自分が感じられる」など）をいくつか書く。次に、それらの言葉を書いた本人以外のメンバーが、図のようにその言葉をゆっくりと目を見ながら伝えていく。そして自分の身体や気持ちにどのような反応が現れるかを感じとる。自分の内側にある言葉を他者から声として聴く形になる。これは非常にシンプルなエクササイズであるが、言葉を聴くと胸・肩・腹などに微妙な動き

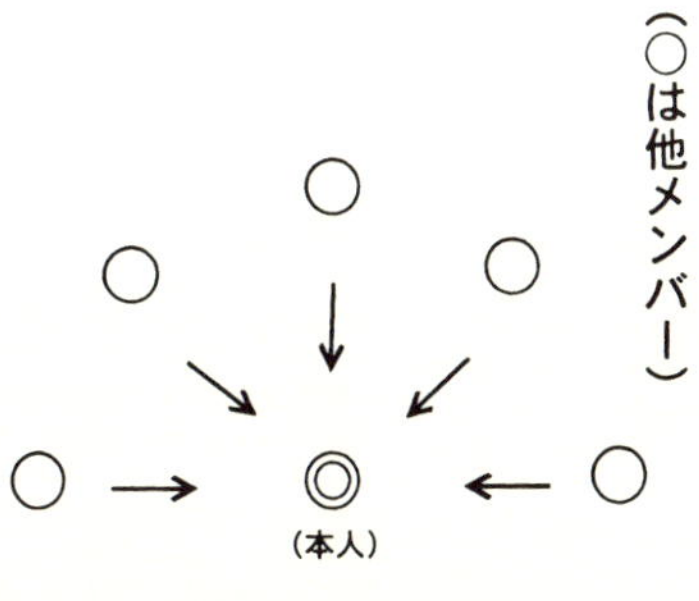

図　12

や暖かさなどの変化が感じとられる。スタッフもリードしながら自分が心から受け入れている言葉、自分の願望としての言葉などそれぞれの言葉によって、反応の違いが感じられ、自分のあり方に気づいていくようにする。これは自分の中の感情を無意識に拒否する姿勢から解放され、感情に対して開かれていく目的のエクササイズである。同時に、加害男性には自信がなかったり、自尊感情（self-esteem）の低い男性が多いが、自分を肯定し内側から支える力を感じとることにも役立つ。自分を肯定するのが困難な者は、他者も肯定や尊重することが困難なのである。

［例会後半］

前半終了後に短く休憩をとり、本来の自助グループとしての時間に移行する。それは次のような手順で行う。

①基本ルール確認のための読み合わせ

プライベートな内容は参加メンバー以外の人に話すことを避ける。／話したくない時はパスすることができる。／「言いっ放し、聴きっぱなし」の方式をとる。／など六項目の基本ルールが書かれているシートをメンバーに配布する。そして、一人一項目ずつ次々に読みあわせを行う。

②『平安の祈り』の唱和（最初に〈神〉という言葉が登場するが、これは自分を超えた〈内なる力〉として各人が理解している存在のことで、特定の信仰とは全く関係がない。）

『平安の祈り』神よ、私にお与え下さい
自分に変えられないものを受け入れる落ち着きを
変えられるものは変えていく勇気を
そして二つのものを見分ける賢さを

これはセルフヘルプの精神のエッセンスを表す短い詩であり、自助グループで広く用いられている。全員起立して『平安の祈り』の唱和を行う。先の「基本ルール確認」とともに、次の「言いっ放し、聴きっ放し」の時間に向けて、心の準備のための儀式の役割を果たす。スタッフを含むその場にいる全員の声が響き渡りながら、思いを合わせようとする瞬間で、グループをリードしている筆者にとっても、心が引き締まる感がある。

③言いっ放し、聴きっ放し

先に述べたように、自助グループの眼目である。体験を語る人が基本的に語りたいだけの時間を確保することができ、他のメンバーは専らそれを受け取り、自分として何かを得ようと心を傾ける。その場では感想をはさむことをしない。全員が語るチャンスがあり、自分のことは話さずに、聴くだけにしたい人は、それが尊重される。前回参加した例会から当日までに起こったエピソードや、この自助グループに参加するきっかけの出来事について語る人、前回の例会の参加を通じて自分の問題性に気づくヒントになった点など、次々に語る準備のできた人から話が始まり、そして終わる。

④『終わりにあたり』の言葉を読み上げる

「言いっ放し、聴きっ放し」の時間は、緊張する重い時間である。それを受けとめようという意志がその場の全員にあったとしても、次のパートに移るには一呼吸必要である。そこで、「言いっ放し、聴きっ放し」が終わった後、それを締めくくる意味で、例会をリードする担当者（たいていは筆者）が、次のような言葉を心をこめて読み上げる。メンバーはそれに耳を傾け、心の区切りをつけ、元の日常に戻る準備作業をすることになる。

「終わりにあたり皆さんにお願いしたいことがあります。ここで話されたことや、ここで会った人のことは、この部屋にとどめて下さい。どのメンバーが話したことも、進行役・主催者が話したことも、この自助グループ全体を代表した意見ではありません。持ち帰りたいものは持ち帰り、それ以外はこの場に置いていって下さい。うわさ話や陰口が私たちの中にありませんように。そしてこのグループ・ミーティングの共感と安らぎが、今日一日、どこにあってもあなたとともにありますように。」

⑤交流の時間

自由に感想を述べたり、質問などをする時間を設けている。「言いっ放し、聴きっぱなし」の余韻を残しながら、各メンバーの発言・思い・立場を尊重することを心がけ、時にはリードをとるスタッフがコミュニケーションの交通整理を行う。最後に事務連絡を行って終了する。もちろん毎回このように進めるわけではなく、メンバーの自然な流れに沿うよう心がける。時には前半のエクササイズを行わず、例会の全部を「言いっ放し、聴きっぱなし」のみで終始することもある。

(3) 加害男性自助グループから見えてくるもの

まさに文字どおり「罪悪を背負っている」がごとき意識で参加している方も多い。別れた妻・恋人に対する行いを忘れないでいるため、との思いをもった方、別居中の妻の思いを受けとめるために考えを巡らしたい方など、それぞれの状況をかかえての参加である。最初は妻のために来ていると思っていたが、自分のために来ていることを自覚してきたという思いを語る方もいる。まさにその通りで、自助グループは他者のためではなく、自らのためのものである。淡々と事実関係しか話さなかった方が、例会の参加を重ねるにつれて、少しずつ、薄皮をはぐように自分の思いを語る変化に立ち会うことも多い。

加害男性自助グループは、他の自助グループとは本質的に違った側面がある。他の自助グループは、疾患・障害・暴力被害という〝問題縁〟に結ばれているが、これらは皆、健康・能力・尊厳など、大切な何かを奪われた人々である。社会的にも個人的にも、生きる上でハンディキャップをもっている。そこには奪われた価値を取り戻すための支え合いが基本にある。それゆえ、このような自助グループでは、たとえ何かが失われていたとしても、誰もが尊重されるに値する存在であることが確認され、自分の生きる輝きを回復する物語がある。加害男性自助グループでも、例えば、子ども時代の被虐待経験の苦しみを見つめながら、自らのDVを生み出す内面を語る際には、そのような喜びに近いものがないわけではない。

一方、加害男性自助グループは他者の健康・尊厳などを奪った側の集まりである。どのような人間も、尊重されるに値する存在であることは、疑いをはさむ余地はない。しかしDVは犯罪であり、許容されない行為である。そのような人権侵害行為をした男性にとって「尊重されるに値する存在である」とは無条件ではなく、その地平が成立するためには、これまでの加害行為を真摯に見つめようとする姿勢が大前提である。すなわち加害男性自助グループは、罪悪感に圧し潰されることもなく過去の過ちを見つめ、新たな生き方を確認するための器なのであり、そのための連帯である。加害男性自助グループは「DV克服に伴う苦悩とともに生きる」ことから踏み外さない機能を担っている。厳しい現実が存在し、偽りを排してその重さから目をそらさずに生きる力を共有しあおうという時間であり、そのような中でも人間は何かをなしつつあるという、深い落ち着きの感覚が時に感じられるとでも表現したらよいだろうか。

我々はそのような場を粘り強く提供し、いつの日にか、この自助グループの意義に賛同して、自らが運営の主体となっていこうという機運が熟成していくのを見届けたい。そのようなセルフヘルプの力が育ってくるのを、側面からほどよい形でゆっくりとサポートしていきたいと考えている。

(3) 暴力克服ワークショップ

(1) 暴力克服ワークショップの概要

この暴力克服ワークショップはグループで実施されるが、自助グループとは全く性質の異なるものである。自助グループは自ら主体的に「言いっ放し、聴きっぱなし」という特殊な時間を通して、当事者による回復の力を高めようとする。スタッフのリードはできるだけ控えめにするように心掛ける。しかし暴力克服ワークショップはスタッフがグループを積極的にリードする。そして暴力を生み出す様々な要素を理解し、それを解除するための集中的なグループワーク・集団心理療法を実施する。暴力克服ワークショップは三カ月に一度(2・5・8・11月)、土曜日（pm7:00～9:00）＋日曜日（am9:00～pm5:00）の二日間で行われ、原則は全日程参加である。初めての方にも参加しやすいように参加費を低額に抑え、現在は二日間で一万一千円（開催日一週間前以降は、一〇〇〇円増）である。二人の心理臨床家がメイン・スタッフで、2～3時間のセッションを交互にリードする。

筆者主宰の「ストップ・ザ・DV研究会」の場で、心理臨床家のチームが討議を重ね、以前のワークショップや加害男性の個人心理療法の経験から、DV加害を乗り越えるための統一テーマを各回ごとに決定する。一部は米国で実施されているプログラムを参照することもある。しかし、筆者を含むスタッフは暴力克服ワークショップに限らず、一般人・依存症者・暴力（虐待）被害者・アダルトチルドレンなど様々な対象者に長年ワークショップを行ってきた。それらの豊富な経験の蓄積をもとに必要な着眼点や技法を集約し、その内容のほとんどがオリジナルな構成となっている。さらに最近では、DV被害者支援に携わってきた女性の心理臨床家がスタッフとして加わり、被害者の視点をいっそう濃厚にしたグループ運営を試みている。この男女スタッフによるグループのリードは、米国で広まりつつある方式で、当センターではこの米国方式をいちはやく導入している。

(2) プログラム内容

どのようにエクササイズを実施し、集団心理療法技法を活用するかについて、ここでは、これまで取り扱ったテーマと、理解しやすい部分のセッション展開例を示していきたい。

[技法について]（各技法によるワークの実際は、セッション展開例で詳述）

現在ワークショップで活用している技法は、主に次の三つである。

●ゲシュタルト療法

一例を挙げよう。例えば「暴力の問題を見るのはおっくうでやめたいという自分」と「暴力の問題を乗り越えていきたいという自分」を、それぞれ一つずつ椅子で表し、自分がそこに座って、交互にそれぞれの役割で言い分を相手の役割に伝え、対話を発展させていく技法がある（図13）。つまり一人二役で両者の言い分を主張しあい、それを受けとめ、自分としての納得できる結論を見いだしていくことができる。このように、自分の内側にもっている幾つかの異なる言い分、幾つかの感情などを、役割として椅子で表し、臨床家のリードによって対話していく。これをエンプティー・チェアー（空椅子の技法）と呼ぶ。バラバラであったり、矛盾していたりする自分の内側の統合度を高め、感情のバランス化を図る。

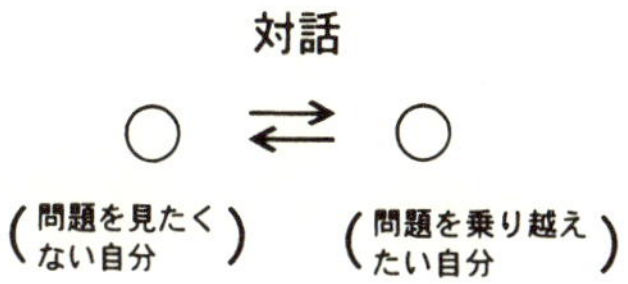

図　13

●POP（プロセス指向心理学）

外見では、ゲシュタルト療法と同様なエンプティー・チェアーに近い技法を用いることも多い。それと同様に、治療抵抗を乗り越えるプロセスを促進するための独特な枠組みをもち、潜在意識を活性化し、イメージワーク、ボディーワークなども総合的に活用する技法である。

●心理劇（サイコドラマ）

即興によるドラマ的な手法を使っての問題解決技法である。ゲシュタルト療法・POPと部分的には共通しているが、それよりも心理劇のほうが大掛かりであり、ワークの展開の枠組みも明確である。

これらの技法により自分の変化を実現するためには一定以上の問題解決意欲が本人に必要であるが、非常に効果の高いものでもある。以上に加え、NLP（神経言語学的プログラミング）の技法も用いている。実は、我々が密なコミュニケーションを行う際には必ず〝催眠〟の現象が生じているのだが、このような側面に働きかける技法がNLPである。催眠に誘導する非言語的コミュニケーション技法や特有の言葉の活用法を含むもので、前出の三つの技法と組み合わせて用いられ、ワークを受ける本人にとってナチュラルな展開で抵抗感が少なく、問題解決力を高める触媒のような役割を果たす。NLPは集団心理療法だけでなく、個人心理療法でも頻繁に活用されている。

［テーマとセッションの具体的展開例］

これまで実施されたワークショップで設定されたテーマを次に挙げたい。以下に紹介したもの以外にも、「パートナーへの非現実的な思い込み（ジェンダーを含む）からの脱却／怒りと恐れ／パワーゲームを乗り越える／怒りを肯定的な感情に転化する／DV行為の責任に向き合う力をつける」など、様々なテーマで行われてきた。なお、具体的展開例は事実に立脚しているが、幾つかのエピソードをもとに筆者が再構成したものである。

[1]『非暴力の車輪』からのエクササイズとワーク

第1章の図2に紹介した『非暴力の車輪』を使った実習からの発展である。

① DV克服のために必要な非暴力の八つの要素についてレクチャーを行う。

セッションの開始部分では、心理教育的アプローチとしてのレクチャーを必ず行う。これはぜひとも必要なことと考えている。そもそも今回のワークショップではどのような目標を達成するのか、そしてその目標はDV克服の全体像の中でどのように位置づけられるか、などについて予め参加者に理解していただく。特に加害男性は自分のあり方に目を向けるのに慣れていない方が多く、これから行うエクササイズ（実習）が何の目的なのかを頭で理解していないと動きにくいのである。

② 下の図のように八つの椅子を置く。それぞれの椅子は、車輪の中の要素を表していると説明する。

まず、スタッフは参加メンバーに次のように呼びかける。「自分にとって、現在ある程度備わっている要素を表す椅子を選んで、その近くに行って下さい」。そして一つの要素につき何人かのグループができるので、同じ椅子に集まった人たちで、自分に備わっている回復の要素について話し合う。その後、小グループで話し合われた内容を、グループ全体に伝えあう（これをシェアという）。

③ スタッフは「自分にとって、現在足りないと思われたり、実行が困難と思われる要素を表す椅子を選んで、その近くに行って下さい」と参加メンバーに呼びかける。これも一つの要素につき何人かのグループができるので、同じ椅子に集まった同士で、自分にとって回復のために今後の課題となる要素について話し合う。その後、グループ全体でシェアを行う。

④ リードするスタッフがグループの一人ひとりに焦点をあて、オープン・カウンセリングとして、

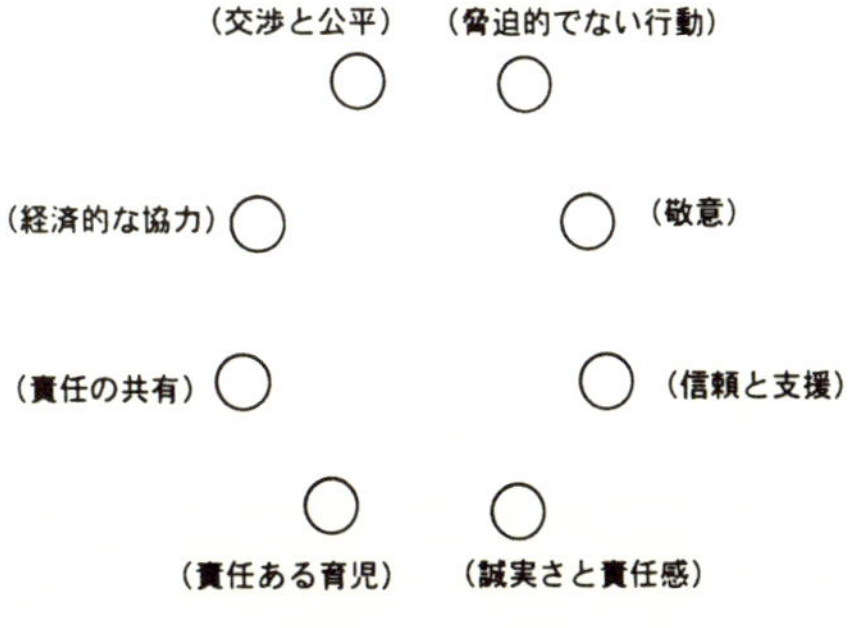

＊○は椅子を表わす

図 14

各メンバーの課題、回復のために障害となる要素、目指すべきものを明確化する作業を行う。各メンバーにとって、このような作業は、自分の見たくない部分に触れるので、混乱したり別な話に変わってしまいやすい。スタッフが介入して、直面化を促すための適切な質問を行ったり、適切な表現として明確化する作業はぜひとも必要なプロセスであるが、そのための技術については専門書でふれたい。

⑤ パートナーとの対等な関係に障害となる要素を一層明確化し、それを軽減するための集中的なワーク（ゲシュタルト療法・ＰＯＰ・心理劇を活用）を実施する。

[2]子ども時代の親からの影響とＤＶの関係を知る

① まず、エクササイズを行う前提となる考え方を知るために、次のような内容の短いレクチャーを行う。「大人である私たちの内側には、必ず子ども時代の自分が存在しています。それを覆い隠す形で、社会生活の際に必要な物の見方、振る舞い方を身につけているのです。普段見えないだけで、実は我々が自覚せずに快―不快で反応する仕方を理解するには、子ども時代に親が自分にどう接し、親が何を期待してきたか、それに自分はどう応えようとしたか、といった点が重要な鍵となります。中には、親世代にＤＶがあり、同じことを繰り返したくなくても、繰り返してしまう人も存在します。親の振る舞い、価値観がどのように自分の生き方に影響しているか、そして自分のＤＶとどのようなつながりがあるかを明確化する作業は、とても重要です。」

② 小学校にあがる前後の時期に、父親、母親それぞれから言われてきた言葉を思い出して書く。そして何を伝えようとした言葉なのか、何を期待しての言葉なのか、を思いつくものを書いてみる。次に、子ども時代に自分は、それぞれの言葉に対して何を決断し、どのように反応したかについても書く。

③ リードするスタッフが一人ひとりに焦点をあて、オープン・カウンセリングとして、親が何を伝えようとし、何を期待した言葉だったかを明確化する作業を行う。さらに、子ども時代に自分は、それぞれの言葉に対して何を決断し、どのように反応したかについても明確化する作業を行う。

④ これまでの流れによって触発され、親からの期待に影響されて、子ども時代に決断した生き方は、今の自分に必要がないと強く感じた、あるいは親からの虐待の影響を加害行為という歪んだメカニズムで解決しようとした事実を乗り越えたい、という思いをもつ人は参加者の中に必ずいるものである。そのように自分の課題を解決したいと望んだ人は集中的なワークを受けることになる。

［心理劇（サイコドラマ）］

ここで被虐待経験をもとにした心理劇の展開例を紹介する。

［心理劇に導入するまでのあらすじ］

夜尿のたびに父親から布団たたきで叩かれていたある少年は、小1の頃父親が大事にしていた将棋の駒を庭に隠してしまった。その行為が発覚して猛烈に怒った父親は、少年を柱に縛りつけ「俺がいいというまで、こうしていろ」と言い放ち、他の家族とともに夕食を食べ始めた。母親は父親に暴力をふるわれて家出をしており、入れ替わりに父の愛人がしばしば家に泊まるようになっていた。結局、8時頃父親は酒に酔ってそのまま寝てしまい、父の愛人から助け出されて食事にありつけたのは夜も9時を回ってからだった。この事件を機に、自分の感情を凍結してしまったという。

●心理劇は、問題解決のために焦点があてられる主役がまず決められる。そして主役は別の役割の登場人物を、その場にいるメンバーから選ぶ。主役の分身の役、父親役、母親役、縛りつけられた柱の役、隠した将棋の駒の役などが選ばれる。

●主役の記憶をもとに、セラピスト（グループをリードしているスタッフ）が介入しながら、「将棋の駒をもちだした場面」をその場に作っていく。次に問題の「激怒した父親が自分を縛りつけた場面」を作り、主役の記憶の通りに、言葉や行動も当時とできるだけ近づいた形で再現する。当然、つらく悲しい場面であり、小1の年齢のごとく主役は涙を流す。しかし、心理劇の目的はこの傷つをもう一度体験することではない。ここまでに傷つき、ぬぐいがたい影響をもたらした事件の当時の彼を救い、新たな人生の文脈に位置づけるプロセスを創造するのである。

●大人になった自分が、自分を柱から解放して父親に会いにいくことに決める。主役としては、小1の少年にとってこの事件はどれだけダメージを負ったのか、その後どのような生き方に影響したのかを伝えて、父親に受け止めてもらうことができれば、心におさめることができそうだという。

〔場面〕

父親が晩酌をしていて、息子の件は忘れている。その場面に、大人になった彼の息子が現れる。以下に言葉のやりとりと状況のみを書く。ここには詳しく記さないが、実際にはセラピストは主役と逐次気持ちを確かめながら、他の登場人物と役割交換を行い、どのような方向に進めるか、頻繁に指示を出している。それゆえ、結果として父親や子ども時代の自分の言葉などは、本人の中から出てきたものによる即興のドラマである。

主役（現在の自分）「（セラピストが最初は導入のために「次のように父親に言ってほしい」ということを伝えて、一文ずつセラピストが小さく声に出し、そして主役から父親に対して直接伝えてもらう）お父さん、私はあなたの息子の三〇年後の姿です。今日はとても大事な用件で時間を越えてやってきました」（父親は呆然としている）

（主役にとって、父親は今お酒が入っているので、酒を抜いて話をしたいという。そして、一旦父親には行水をしてもらい、それも主役が手伝い、少しさっぱりしたところで、しっかり話をつけることにする。主役は、縛られている小1の自分を解放し、抱き締める。少年の自分は涙。）

主役「自分は未来の君なんだよ。とてもつらい思いをしたよね。君はまだ小さいから、自分の気持ちをうまく伝えられないけれど、大人になった自分が、君に代わって父親ときちんと話をしなければならないと思って、ここに来たんだ」

（少年の自分は少し頷く。主役は、少年の自分の肩を抱きながら、父親とのやりとりを見てもらうことにする。）

主役「（父親に）こんなことをして、あなたはかわいそうだと思わないんですか。しかもあなただけ食事をして、酔っ払っていい気分になって、息子がずっとお腹をすかせて縛られたままになっていることなど、すっかり忘れてしまっているじゃないですか！」

父親「こいつが大事な物を隠したりするからだ。ちっとは懲らしめないと分からない。これも躾《しつけ》のうちだ」（主役が父親と役割交換をして語られた言葉。少年の言葉も同様。）

主役「これが躾のうちと言えますか。今、何時だと思っているんですか。こういうことをするのには、子どもとしてもワケがあるんです。それを聞かずに縛りつけて、そのままにしておくなんてどういうことですか。もっとしっかりして下さい」
父親「うるさいやつだな。何の権利があってお前はそんなこと言うんだ！」
主役「だから、それはさっき言いました。私はあなたの息子の大人になった姿なんです。この子の代弁者として来ているんです」
父親「そうか、そう言ってたな」
主役「私はこの子の気持ちを全部分かっているんです。この子がなぜお父さんが大事にしているものを隠そうとしたか、まず聞いてくれませんか」
父親「……分かった」
主役「この子は、おねしょをする度にたたかれて、とても辛かったんです。そして、母親がいなくなってどれだけ寂しかったか。もしお父さんの大事にしている将棋の駒がなくなったら、自分と同じような辛い気持ちになって、自分の辛さも分かってくれるのじゃないか、そう思ってやったことなんです」
父親「何だかバカバカしいような……」
主役「そりゃ、大人であるあなたにとっては、子どものバカバカしい考えかもしれない。けれど、こんな小さな子どもにとっては、あなたは怖いし、たたくのはやめてくれないし、子どもなりに何とか気持ちを分かってもらおうと考えて、やったことなんです」
父親「本当にそうなのか」
主役「そうなんです」
（中略。父親は大人になった息子の言葉に少しずつ耳を傾けていくようになる）
主役「お父さん、聞いて下さい。あなたの息子は、この事件が決定的になって、自分の気持ちを表してはいけないと思うようになったんですよ。このことが、人間関係をどれだけやりにくいものにしていったか、分からないでしょう。今、私は結婚していますが、自分はあなたのように妻に暴力はふるいたくないと思ってきた。でも、そうは思っていても、あなたと同じことをしてしまっているんです。私はこの問題を解決したいと思って努力しているんです」

父親「そうか。そうなってしまっているのか」

主役「お父さんに、もし父親としての子どもへの愛情や責任感があるのなら、もう少し息子を大事にしてやってくれませんか。母親が出ていって、ものすごく寂しい思いをしているのに、女性を家に入れたりして、この子がどれだけ傷ついているか、もっと理解してやってください。お腹のすいているこの子に、少しやさしい言葉をかけてやってくれませんか」

父親「忘れてしまって、すまなかったな」

主役「この子の手を握って下さい。冷たいでしょう」

父親「こんな冷たくなってしまって。しかしどうしていいか分からない」

主役「あなたも不器用な人ですね。せめてこの子を一緒に抱いてなぐさめてやってくれませんか」

父親「そうだ。オレは不器用でどうしていいか分からないんだ。でも何とか抱くのはできる」

主役「やっと少しこの子に向き合ってくれましたね。この子がこれから苦しみが少なくなるように願ってくれますか」

父親「これからつらいことが待ってるのか。過去のことは消せないが、願うことだけはしたい」

（セラピストは少年の気持ちにも焦点をあてる。）

少年「二人の話を聞いていて少し安心した。でもまだ足りない。もっと安心させてほしい」
主役「そうだ。このくらいではとても足りるわけはない。お父さん、この子の将来のことが少しでも心配なら、一緒に協力してもらえませんか」
父親「……オレにできることがあるのか」
主役「あります」（後略）
（この後、主役は息子のためにラーメンを作って食べさせてあげるように父親を促す。父親は料理を満足に作ったためしがなく、戸惑うが、主役が教えてあげるから、ということで承知する。主役が手伝った父親のラーメンが完成し、少年はやっと食事にありつく。）
主役「あんたもやればできるじゃないか」
（父親は無言である。少年はラーメンを平らげて、やっと気持ちが落ち着く。）

主役は、少年時代の自分に対して、いつも自分が見守っていて、これからはつらいときにいつでも来ることができるから呼んでもいいのだということ、そして君が安心して自分の気持ちを出すことができるまで面倒をみることを伝える。少年はそれを了承する。

次に主役は、父親に対して、この子はあなたの暴力をふりむける対象ではないこと、息子を大事にしたい気持ちが少しは残っているようだから、不具合があったら自分を呼んでもらえれば協力することを伝える。父親はためらいがちにそれを了承する。（母親・少年が縛られていた柱・将棋の駒にもそれなりの重要な役割があるが、省略する）

そして、このように必要な作業を終えて、現在に戻ってくる。

ここでは文字情報のみであるが、心理劇がいかに強烈な体験であるかは十分推察可能であろう。父親役、少年役、さらに、会話では現れないものの主役の分身の役も活用しているのだが、これらの役はワークショップの参加者から選ばれる。そしてこれらの緊迫したセリフは、父親役、少年役など、全て主役と役割交換をすることによって、主役の中から導き出されたものである。セラピストの適切な介入・技術によって常に調整が図られながら、この場面は次々に発展して、まるで最初から予定していたかのような物語となっているが、これらは主役の内側に潜在していたものである。

以下に若干の解説を試みる。最初は、現在の大人の自分と、かつて自分を虐待した父親との対決の場面である。対決とはいっても、父親を責めて罵倒すれば解決するという単純なものではない。息子に暴力をふるって柱に縛ったあげくに酔っているだらしのない父親から、健康な親の部分を引き出すための対決である。父親は初め「ちっとは懲らしめないと分からない。これも躾のうちだ」と、自分の世界に固執し、心を開こうとしない。しかし、主役は少年の未来の姿であって、「この子の代弁者として来」たことを重ねて告げ、「私はこの子の気持ちを全部分かっているんです。この子がなぜお父さんが大事にしているものを隠そうとしたか、まず聞いてくれませんか」と迫り、父親は最終的に息子の気持ちに目を向けることを了承する。父親は、子どもが将棋の駒を隠すことによって、何を伝えたかったかについて、ためらいながら理解する。そして主役は、不十分ながら父親として息子の傷ついた気持ちをケアするよう促す。「お父さんに、もし父親としての子どもへの愛情や責任感があるのなら、もう少し息子を大事にしてやってくれませんか。お腹のすいているこの子に、少しやさしい言葉をかけてやってくれませんか」と、主役は父親に迫る。父親は息子に詫びて冷たくなった手をとる。さらにこの後、主役が手伝って父親にラーメンを作らせ、息子に食べさせることで、父親としての機能を高めるサポートをしていくのである。そして、心が閉じていた少年は安心し、落ち着きを取り戻す。

現実世界に戻る前の締めくくりとして、セラピストは主役から少年に次のようなことを伝えてもらった。少年にとってつらいときに、大人の自分を呼んでケアしてもらってもいいこと、さらに、安心して自分の気持ちを表現するように面倒をみることを宣言した。大人の主役の内側には、このような傷ついたままの少年の部分が当時のまま封印されて残っているのである。今後は、当時の父親よりも精神的に健康な自分が、親の役割として面倒をみる関係を作り上げたのである。このようなワークを「インナー・チャイルド・ワーク（内なる子どもの癒しのワーク）」と呼び、このセッションはそれを心理劇に応用したものである。また、主役は「父親に対して、この子はあなたの暴力をふりむける対象ではないこと、息子を大事にしたい気持ちが少しは残っているようだから、不具合があったら自分を呼んでもらえれば協力する」ことを告げている。このことによって主役は、主役の心の中にある父親が虐待者から脱却することを促進し続ける。同時に、父親を虐待者から脱却させる力は、虐待者としての自分を乗り越える力でもある。

このように心理劇では、即興で主役の内面世界をドラマとして目に見えるものに具体化し展開しながら、解決できずに滞っていた状態に新たな可能性を、強烈に引き出していく。過去の決定的なダメージを受けた時点にまで戻り、当時できなかったやり残しの作業を行う。これを「未完の仕事の完結」と言う。そして、心理劇という虚構ではあっても、内的な真実が充満した取り組みを通じて、苦痛でしかなかった出来事を新しい可能性に書き換えていくのである。このような展開の中で、その場に居合わせた全員が引き込まれ、主役の問題解決に協力する自然な流れが生まれる。そのようなグループのもつ創造的な力は極めて重要なものである。

[3] 自尊感情（self-esteem）の向上（「ゲシュタルト療法」「ＮＬＰ」による）

① 低い自尊感情が暴力を引き起こすメカニズム、さらに度重なる暴力がますます自尊感情を低下させるメカニズムについて、短いレクチャーを行う。

② ふだん内面で言っている「自分をけなしたり、傷つける言葉」を思い出して紙に書く。また、それとは別に「自分を誉める言葉」も紙に書く（こちらのワークの発展は省略）。

③ 各メンバーに簡潔なワークを実施する。

次ページの図のように円形に並び、そのうちの一人をワークを受ける主役として決める。そして先ほど、紙に書いた言葉の中から一つを選び、それを他のメンバーから声に出して主役に順次伝えてもらう。（この時視線を合わせる）「結局、人なんか信頼できない」という言葉を例として、ワークの展開を次に示す。セラピストはグループをリードしているスタッフのことである。Ａ～Ｇは他のメンバーである。

(A～Gは他のメンバーを表わす)

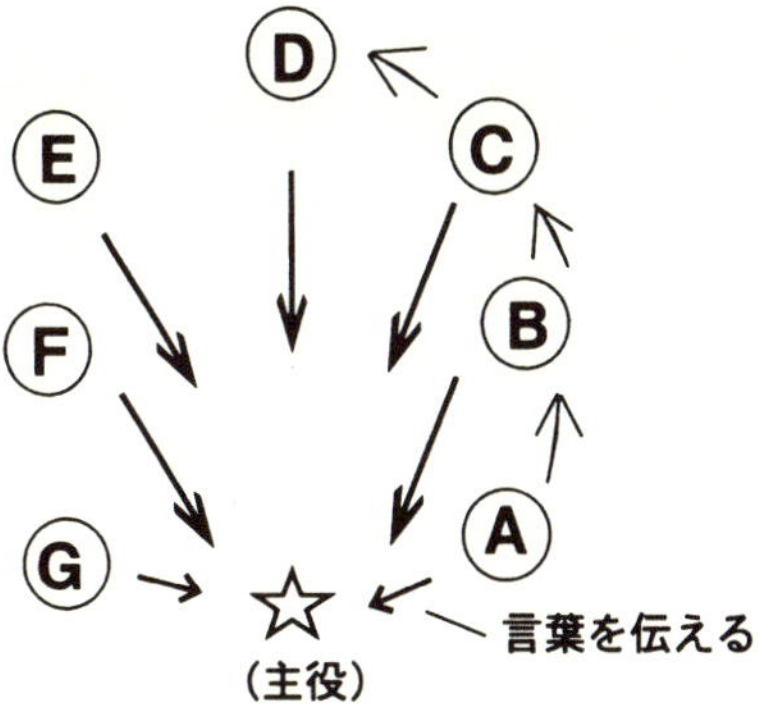

図　15

A「結局、人なんか信頼できない」
セラピスト「Bさん、同じ言葉を伝えて下さい」
B「結局、人なんか信頼できない」
セラピスト「これはあなたが自分で自分に対して言っている言葉ですね。(主役に)何を感じますか」
主役「つらい」
セラピスト「そのとおりですね。それではAさん、Bさんに『つらい』と言って下さい」
主役「つらい」
セラピスト「そうですね。何を感じますか」
主役「もっと、『つらい』と言いたい」
セラピスト「そうですね。それではCさん、同じ言葉を伝えて下さい。それから主役の方は、『そう言われるともっと〝つらい〟と言いたくなる』と言葉を返して下さい」
C「結局、人なんか信頼できない」

主役「そう言われるともっと『つらい』と言いたくなる」
セラピスト「（主役に）何を感じますか」
主役「つらいから『やめてくれ』と言いたくなる」
セラピスト「そうです。それでは、Dさんから同じ言葉を言われたら『つらいから、やめてくれ』と言って下さい」
D「結局、人なんか信頼できない」
主役「つらいから、やめてくれ」
セラピスト「今、身体に何か感じていますか」
主役「胸の奥のほうに緊張を感じる」
セラピスト「そうですね。それでは、緊張を感じている胸の場所に手を当てて下さい。（主役が自分の胸に手をあてる）そうです。その奥のほうに緊張をともなって、ある強い気持ちが動いています。あなたの手の奥のほうにある気持ちは何でしょうか」
主役「このままでいたくない、という感じ」
セラピスト「そうです。あなたはこのままでいたくないんです。『人なんか信頼できない』というままでいたくない気持ちが、今、胸の奥にありますね」
主役「そうです。人を信頼できないというのではつらすぎる」
セラピスト「そうですね。それでは、Eさんが同じ言葉を言ってきますから、胸の奥のあなたの本当の気持ちの響きを手のひらで聞きながら、『人を信頼できないというのではつらすぎる』と言って下さい」
E「結局、人なんか信頼できない」
主役「人を信頼できないというのではつらすぎる」
セラピスト「（主役に）何を感じますか」
主役「胸が少しほぐれた感じがする」
セラピスト「なるほど。そして『人を信頼できないというのではつらすぎる』ので、どうしたいのでしょう」
主役「自分は人を信頼したい。でも少し怖い」
セラピスト「そのとおりですね。今、人を信頼したい気持ちが確かに生まれています。しかし、信頼しようとすると怖いのも事実です。それでは次に、Fさんは『あなたは人を信頼したい。でも少し怖いんです』と言って下さい。そしてあなたは『私は人を信頼したい。でも少し怖い』と言って下さい」
F「あなたは人を信頼したい。でも少し怖いんです」
主役「私は人を信頼したい。でも少し怖い」
セラピスト「(主役に)何を感じますか」
主役「怖さはあるが、こう言ってもらえると安心も感じる」
セラピスト「なるほど。それでは次に『私は人を信頼したい。少し怖いが、安心も感じる』と言って下さい。他の人は目を見て、彼の言葉を受けとめるのみです」
主役「私は人を信頼したい。少し怖いが、安心も感じる」
セラピスト「Gさんに同じことを言って下さい」
主役「私は人を信頼したい。少し怖いが、安心も感じる」
セラピスト「(主役に)何を感じますか」
主役「怖さは少し感じるが、胸がほぐれて、力強さも感じる」
(以下略)

これはゲシュタルト療法とNLP（神経言語学的プログラミング）の技法を活用したワークの例である。このセッション記録を読むと、言葉だけでなく身体感覚も活用して変化を促進しているのが見て取れるだろう。どのような観点で技術的に何を使っているかについて説明は省くが、このような微細なやりとりを重ねながら、着実に変化していく様子が理解できるであろう。他者への不信感はパートナーとの関係に好ましい影響は与えないから、この問題は必ず乗り越えねばならない。かといって言葉の上で「信頼しよう、信頼しなければいけない」と自分に言いきかせても、何のたしにもならないのが現実である。パートナーが「もっと自分のことを信頼して」と夫に伝えるのも、同様に解決には役立たない。

少し解説を加えよう。「結局、人なんか信頼できない」という言葉、これは本人が内側で自分に対して働きかけているメッセージである。通常、ここからは他人に対しての信頼感を導き出すことが出来ない袋小路である。そこで、セラピストは「結局、人なんか信頼できない」と他メンバーから言葉を次々にかけてもらうように指示する。これを続けると、当然ながら本人にとって辛くなってくる。しかし、この状況はまさに自分の内側で起こっていることであって、それを外界という目に見える形で展開したにすぎない。そうすると、本人は辛いだけでなく「このままでいたくない」という思いが生まれてくるので、それを言葉で表現していくと、「人を信頼できないというのではつらすぎる」というメッセージに変化していく。セラピストは細かく本人に介入して彼の内側にあるメッセージを整理し、「胸の奥が少しほぐれた感じ」という身体感覚のリアリティも確認しながら、「人を信頼することの怖さ」という信頼関係を築く際の障害にいきあたる。このような場合、「そんなに怖がらなくてもいい」と説得しようとしても、怖さがなくなるわけではないので、そのような説得は無意味である。セラピストの対応は全くこれとは異なっている。本人の発言を、他メンバーから「あなたは人を信頼したい。でも少し怖いんです」と本人に向ける形式に変えて伝えるように指示する。すると「怖さはあるが、こう言ってもらえると安心も感じる」という具合に変化している。

お気づきの方もいると思うが、ここでは自分の中にある「他者への不信感」にむしろ近づいていく。その結果、内側に眠っていた「他者の信頼への願い」が活性化するのである。セラピスト（スタッフ）は、別に強引にリードしているのではなく、主役の中にかすかに動きつつある問題解決の資源（リソース）をキャッチし、それを目に見える表現にするための手助けをしているだけである。主役はこのようなワークを通じて、自分の中にあるとは思ってもみなかった他者を信頼する力を、その場で生々しく感じ取っていく。これは主役がもともともっていた力であり、それが引き出されたのである。困難な状況にある時、人間は何かの方法を教わって、それを使うことによって他者を信頼できるようになるが、そのようなものとは全く異なると言うべきであろう。

[4] 自分とパートナーのタイプを知る（「エニアグラム」による）

「エニアグラム」とは、人間に存在する九つの性格タイプの詳細な体系であり、しかも単なる性格タイプ分類にとどまらず、非常に精緻で実用的な道具である。エニアグラムでは「全ての人が自分を生かす基本的な力を与えられて生まれてくる（鈴木秀子『愛する人、愛される人の9つの性格』PHP、一九九九年）とされ、それが9種類なのだと考えられている。それを次に紹介したい。「タイプ1：公正さ・完全をもとめる人」、「タイプ2：人の助けになりたい人」、「タイプ3：成功を追い求める人」、「タイプ4：特別な存在であろうとする人」、「タイプ5：知識を得て観察する人」、「タイプ6：安全を求め慎重に行動する人」、「タイプ7：楽しさを求め計画する人」、「タイプ8：強さを求め自己主張する人」、「タイプ9：調和と平和を願う人」といった具合である。もちろんタイプによって優劣があるわけではなく、どのタイプも特有の長所と欠点を背負っている。そしてそのタイプは生まれながらにして決まっており、人生の途上で変わることはないとされる。

それぞれの性格タイプについて、基本的な生き方・価値観などが描かれているだけではない。その性格タイプが成熟の方向に進むにはどのような要素が必要か、逆にどのような条件がそろうと破壊的な方向に進むか、について実に的確な回答を用意している。さらに、パートナーの性格タイプについても知る。エニアグラムは、お互いが生かし合い、成長するための要素を理解し、どのような発想や行動が必要なのかについても、意義深い示唆を与えてくれる。我々は自分とパートナーの間で何が合致し、何がお互いを相殺しあうかについては、極めて貧弱な知識しか持ち合わせていない。それゆえ、男性のＤＶ克服に際しても、自分と相手に対する観察力を高め、今後の自分を高める生き方に目を向ける意味でも有効であろう。

例として、タイプ4の夫とタイプ1の妻の組合せを考えてみよう。タイプ4の夫は直感を大事にする芸術家タイプであり、タイプ1の妻は現実がこうあるべきという理想家タイプで、具体的・効率的にどうかということを大事にする。タイプ1の妻にとって、タイプ4の夫は混沌としており、外面からは分かりにくく、その時の気分に左右されてイライラさせられる。また、夫が自分の内的感覚をたよりにして動くので、一貫性がないように見え、頼りなく思えてくる。タイプ4の夫にとって、タイプ1の妻は明確にものを言い過ぎるように感じられ、それが自分の大事にしている内界に侵入されるように感じられる。自分を傷つけ、プレッシャーを与えてくる人物に見え、「もっと抽象的で象徴的な美しい世界を楽しめればいいのに」と思えてくる。このように、エニアグラムはそれぞれのタイプの違いを理解する助けとなり、思い違いを修正しながら、相手との適切なコミュニケーションのポイントを発見していく手掛かりを提供する。

エクササイズは次のような手順で行われる。

① エニアグラムの実習を行う目的について、簡単な説明を行う。

② 自分が9タイプのうちどれに属するかを知るために、Yes　Noで答える質問のリストをあらかじめ用意する。通常は各タイプにつき20問で、簡便に行いたい時は10問ずつに減らしたものを用いることもある。あまり考えすぎずにYes　Noをチェックし、一番多くYes　と答えたものが、自分のタイプと分かる仕組みである。

③ エニアグラムの各タイプについて、詳細なレクチャーを行う。

④　同じタイプ同士がグループで集まる。そして、例えば「自分の喜びを感じる時はどのような時か」など、リードするスタッフが簡単な質問を出す。それについてどんなことを考えるかを各グループで話し合ってもらう。そして、どのような話し合いがあったかを全体でシェアし、各グループ内での共通点や、タイプが違うとどのように発想が違うかについて明確化する介入を行う。

⑤　各メンバーとオープン・カウンセリングを行う。パートナーのタイプも知り、タイプの組み合わせによって、どのような行き違いが起こりやすいか、それを乗り越えるには何が必要かについて、エニアグラムの観点からアドバイスを行う。また、それが本人にとって意味あると思えるか、抵抗感があるかについても明確化していく。

⑥　エニアグラムによる自分とパートナーのタイプを知った後、希望者に、相手との関係を破壊的にする要素を解消するためのワークを行う。

(3)　ワークショップ参加者としての主観的体験

多くの方はワークショップといってもピンとこないかもしれない。参加する男性の中には、暴力を止めるための有効な手段を教えてくれるセミナーと考えて参加する方がいるのだが、その予想は見事に覆される。手段の提供に近いレクチャーも含まないわけではないが、実はそれを頭で理解しても、容易に実生活で使えるまでにはならない。そもそもどこかに何か「うまいやり方」なるものがあって、それを身につけることによって暴力を回避しようという発想、それ自体を乗り越えなければならない。

それは自分を深い部分で変えることの苦痛や不安なしに、「自分を安全な場所に置いて」問題解決をしようという願いであり、それは残念ながらかなわない幻想なのである。

暴力克服ワークショップはグループで行う心理療法である。それは、メンバーの生き方の限界を作り出している内的メカニズムを目に見えるものとし、専門的な問題解決技法によってそのような限界を解体し、当人に潜在していた回復の力や可能性を「その場で直接に体験する」作業である。ワークショップ後半には、心理劇や自尊感情のワークの実例のように、メンバー一人ずつ集中した時間をとり、本人の滞っている課題を解決するワークを行う。そして自分でも思いもよらなかったものの見方を獲得したり、視界が開けるような感覚を覚えたり、かつてなかった他人と大事な体験を共有する喜びを味わったりする。ワーク終了後には次のような声を聴くことができる（表現は大部分変更）。

「自分はこんなに自分のことをないがしろにしていたのだ、ということが分かった。これでは妻のことも大事にできないのは、当たり前だと思う」

「自分の感情を感じるということはこのようなことか、ということが初めて分かった。今までこのような世界を自分が知らなかったというのは不思議だ」

「今まで、怒らないようにしようと自分を抑えてばかりいたが、怒りの中に自分を大事にしようとするこんな気持ちがあったとは驚きだ。怒りがあっても、これまでより余裕をもって彼女とコミュニケーションできるような気がする」

他のメンバーは、ワークとして焦点が当てられている主役の変化をまざまざと見ることになる。彼が言葉で表現する内容だけでなく、表情・体つき・声などがトータルに変化していく現場に出会うのは、初めての参加者にとっては驚異的ですらある。自分の問題を直視することへの抵抗感の高い方にとっては、精神的にかなり揺さぶられる体験ともなる。実はグループでプログラムを行う利点はここにあり、他者の身に起こることは自分の身にも起こりうるということを知り、人間そして自分のこれまで予想もしなかった新たな可能性について知るのである。何回か連続参加して後に、初めて集中的なワークを経験したあるメンバーは、驚きとともに次のように語った。「最初に参加した時にワークを見たが、あれはもともと打ち合わせてあったのじゃないかと思った。人間はあんなに劇的に変わるわけないと。しかし、自分が体験してみると本当にそういうことがあるんだと分かった。」そのかわり、もし本人に偽りの姿勢があったり、表面の意識と潜在意識に食い違いがある場合、ゲシュタルト療法・ＰＯＰ・心理劇などの手法は、それらもたちどころに白日のもとにさらしてしまう。本人のありのままの姿が現れるのである。このような場合、その限界を作り出しているものは何かを明確化して、終了することになる。

大がかりなワークのプロセスが終結に導かれた時、その場にいる者全員が深い感動を覚えることが多い。加害男性の中には、子ども時代の虐待やいじめ被害といったトラウマが、自己や他者への信頼を奪い、または妻・恋人の何気ない言動が心の傷に触れて、当時の屈辱や憤りと同質な体験となり、言いようのない怒りを呼び起こすケースがある。そのような悲痛な体験を心理劇などで再現し、本人の潜在力を活性化して、過去の屈辱から尊厳を取り戻すワークを経験した際には、特にずっしりとした感動がある。解放感とともに本人も他の参加者も涙を流すことすらある。そのような心理劇の実際は展開例で紹介した通りである。しかし、このようなワークを終えることの意義のみにとどまらず、スタッフは体験を壊さない配慮をしながら、それが全体の暴力克服のプロセスのどこに位置し、これからの課題と展望は何かについて補足することも重要である。

三つの暴力克服プログラムの相互作用

これまで紹介したプログラムの内容を見て分かるように、それぞれが際立った特色をもっており、DVからの回復のための役割も異なる。ここでは、これら三種類のプログラムを受ける経験がどのような相乗作用をもつかについて述べたい。

(1) 標準的なプログラム活用

専門相談から取り組みを開始し、自助グループと暴力克服ワークショップにも参加する流れが基本にある。通常は、個人心理療法を受けて自分の状況に合った課題を見つめ、自己変革の試みを継続する。それとともに自助グループに通い、自分の話を語ったり他者の体験談を聴いたりしながら、暴力克服の決意をお互いの協力のもとに高めあう。そして3カ月毎に2日間の集中的な暴力克服ワークショップに参加、新たな角度から自分の限界を乗り越える体験をする。暴力克服ワークショップは、その内容紹介でもふれたように非常に刺激的で、自分の内面や他メンバーのダイナミックな動きや変化を見届けることができ、それは個人セッションでは体験できない性質のものである。それを次に個人セッションでフォローし、つかんだ体験をより強化していく。

(2) 入り口としての二種類のグループ・プログラム

必要に迫られて専門相談を受ける男性は着実に増加している。しかし費用の負担は必ずしも軽くはなく、個人セッションはほとんどの方は初体験であり、カウンセラーはどのような人物か、不安もある。そこで自助グループから参加し、スタッフの様子を見て、個人セッションを受けるかどうか判断する例も少なくない。そのような意味で、例会はスタッフと当事者の出会いの場ともなっている。自助グループは、まずのぞいてみようという動機からでも参加が可能である。暴力克服ワークショップの場合はそれよりも高い問題意識が必要だが、自助グループと同様、専門相談のスタッフを選択する場ともなっている。

(3) 個人差によるプログラムの向き・不向き

自助グループに通うようになって、自らの暴力の問題をためらいながら考え始めた方が、参加回数を重ねるうちに、本格的なＤＶ克服の意欲を高め、専門相談を中心とした取り組みに移行する場合もある。いきなり専門相談や暴力克服ワークショップに参加するまでは意欲が高まっていない方にとって、自助グループは助走期間を提供している。また、様々な方に交じって内面を開示するのに抵抗感がある方は数多く存在する。例えば、自分に自信のない方、高学歴でプライドの高い方、特殊で複雑な個人的事情のある方、DV克服の決意がまだ十分固まっていない方などであるが、このような方は専門相談で本人のペースに合わせての取り組みとなる。その他、子どもが小さくて手がかかり、妻もできる限り夜や休日に夫に家庭にいることを望んでいる場合、夜間開催の自助グループや土・日に開催の暴力克服ワークショップには参加しにくく、専門相談のみの取り組みとなる。

(4) 経済力の問題

十分な経済的余裕のない方の活用タイプは、自助グループと暴力克服ワークショップは金銭的負担が比較的少ないので、この両者併用によるDV克服を目指すことができる。

(5) 遠方の方の暴力克服支援の方式

筆者の活動は東京が中心であるが、遠方からの問合せ・電話相談も数多い。それらDVコールのうち約三分の二が女性からで、徐々に加害男性からの電話の比率が増えている。東京近県以外の方も、仕事の出張に合わせて専門相談を受ける方もなくはない。しかし、新幹線や飛行機を使っての旅費は高額で、移動時間も要するので、多くは現実が許さない。このような場合、地元で嗜癖問題に明るい精神科クリニックを紹介し、そこで継続的カウンセリングを受けるよう勧めている。これまで述べてきたように、ＤＶの暴力は嗜癖行動と位置づけられるので、嗜癖問題に対応する精神科クリニックならば、その近縁の問題に臨床経験があり、その経験を応用できる部分があるからである。通常のカウンセリングを行う相談機関、一般の精神科クリニックは、現在は避けた方が無難である。なぜなら、このような相談機関・精神科クリニックはＤＶ概念をもたず、誤った方針をもつ可能性が高い。そこで嗜癖問題専門の精神科でカウンセリングを受けることを前提とした上で、さらに、三カ月に一度開催の暴力克服ワークショップのために東京に赴き、専門的な集団心理療法に参加してもらう。以上の工夫によって、遠方の男性の脱ＤＶを支援している。

(6)　ＤＶ再燃の予防としてのグループ・プログラム

専門相談などの集中的取り組みを経過して落ち着いた後も、自助グループに通い続け、ＤＶ再発の予防と、ＤＶ根絶を社会に対して担う意味で自助グループに主体的にかかわろうとするのが理想的である。実際、数は少ないがそのような方は存在するし、心強く思われる。しかしその一方、ＤＶの問題が何とか収束し、家庭も安定した後、これまで参加してきた暴力克服プログラムにかかわらなくなる人が残念ながら多い。それほど自らの問題を見つめ続けるのはしんどいのである。また、自分の問題を忘れ去らないために、時には暴力克服ワークショップに参加しようとする方も、まれだが存在する。グループのプログラムを中心に一時期取り組んでいた方が、その後再婚を果たし、ＤＶが再発していないのを不思議に思い、それが何によるのかを追求したいという思いで暴力克服ワークショップに参加する方も現れている。以上のようなフォローアップの機能として、二つのグループ・プログラムは活用されている。DVは再燃の危険性を常に秘めているので、自助グループと暴力克服ワークショップを断続的に活用することが望ましい。

このように、三種類の異なる性質のプログラムを稼働することによって、幅広い対象の加害男性にトータルな暴力克服支援が促進できるのである。

暴力克服への取り組みの適齢期

何事にも新規の試みを開始するのに適齢期はあるように思う。これまでの経験から、DVの問題に取り組むのに最も成果が上がりやすい年齢は、25～35歳であろうと思われる。この年齢は、社会的にも仕事上一定の軌道に乗り、自分の生き方もある程度確立している時期で、しかも人間が固まり切っていないので、変化する余地が多分に残されている年齢層と思われる。すなわち、自分を望ましい方向に変化させようとする際に必要な精神的安定性があり、しかも新しいものの見方を吸収する柔軟性を失っていない層である。

25歳以下の年齢であると精神的に不安定であり、相手に対して取り返しのつかないほどのダメージを与えてきた現実を直視することが困難な傾向がある。また、この年齢の時期は未婚であることが多く、何としてでもＤＶの問題を乗り越えねばならないという現実に追い込まれていない傾向も一因しているであろう。もちろんこの年齢でも、25～35歳の方がもつ精神的安定性と柔軟性を兼ね備えている方が、わずかだが存在する。

35～45歳は、先程の最適齢の時期に次ぐ成果を上げられる可能性がある。しかし、この年齢になると、結婚生活が相応に長いことが暴力克服を困難にする。すなわち長い年月、ＤＶという歪んだ生き方を続けてくればくるほど変わりにくいという点、そして妻のダメージの蓄積も甚だしいものになり、関係修復が困難になる点が、大きく響いてくる。

そして40歳代中頃を境にして、人間は一段と変化を受け入れにくくなっていく。非常に長期にわたって自分の感情を閉ざす生き方をしてきたために、個人セッションでも他人や自分の気持ちの動きへの気づきが希薄で、通り一遍の事実経過を延々と話し続けたり、自分の家族観を述べたてる時間となってしまう。カウンセラーが問題解決に向けて焦点化したり、方向性を明確化するための質問をしても、それに沿った回答にならず、質問から本人が連想した内容を次々に話す傾向にある。これは余りに自然すぎる自己防衛であり、認知や感受性の幅がそれ以外にないと思わせるほど、柔軟性が閉ざされている加害男性が多くなる。

年齢が40歳代後半以上になると、例会では自分独自の世界を長々と語り、気持ちの交流が相当に困難である。また、メンバーの多くが30歳代の方ということもあって、「自分に合わない」と考える方が多く、自助グループのルール設定（例えば「言いっ放し、聴きっぱなし」）の意義の理解が困難な傾向もある。暴力克服ワークショップにも少数だが参加例はある。しかし、その場のエクササイズを行うのも戸惑いが多く、ワークを実施している際も、その場にいて何かを感じとるだけで精一杯な印象である。ワークショップの場面では、自分の感受性や振る舞い方の基盤が揺さぶられるので、本人は気づいていないが慢性的に恐怖感があり、プログラム内容に適切に対応できなくなる。自分の今までの生き方、ものの見方を否定される恐怖が背景にあり、警戒のあまり、この場が自分にそぐわない点を次々に挙げ、自分を守る手段はより巧妙化する。自分の内側のそのような恐怖を認めてそれを言葉で表現できれば、そこが回復の出発点になるのだが、それが年齢が高くなるほど難しい。しかし何事も例外は存在するもので、50歳代であってもみずみずしい感受性を保つ方とも出会っている。個人心理療法でも意義のある個人ワークを行い、自助グループでも自然にオープンな自己表現の中で何かをつかんでいくのだが、これまでの経験からは極めてまれなことと言える。

結論としては、40歳代後半以降になると、暴力の問題を何とかしたいという表面上の意識はあっても、防衛のカラの中に閉じこもってしまい、DVからの離脱は極めて困難である。長期的には、法律でプログラムの受講義務が実現した後、加害者プログラムを受ける切迫さが現在とは異なる高年齢男性の増加を期待せざるをえない。

第４章

加害男性の治療モデルによる個人心理療法の実際

前章では、具体的なセッション展開例を交えて、自助グループ・暴力克服ワークショップの詳細を紹介した。現在、加害男性の暴力克服支援において、図16のとおり、新しい治療モデル《多層的介入モデル》を指針にした体系的心理療法が可能になっている。この章では、この治療モデルをベースにした専門相談（個人心理療法）の実際を紹介したい。これは加害男性のDV克服を効果的に進めるために、6段階に発展する治療的介入を行い、各段階での介入目標／活用すべきアプローチ／回復の二つの柱／をシステム化したものである。この《多層的介入モデル》によって、現在行われているセッションが当人にとってどの位置に相当し、どのような方向に進むべきかを知ることができるので、心理臨床家にとって非常に有益である。この治療モデルの創案によって、日本におけるDV加害者治療は一定の方法論的確立をみたとしても過言ではない。

この治療モデルについて述べる前に、その前提として設定されている「加害者のDV克服の二つの柱」について確認したい。これはすでに第3章で、DV克服のために、通常の心理療法とは異なる側面が必要なことを指摘したものである。それは、A「行動変容」すなわち暴力を止めるという側面に加え、B「加害行為に責任をとる」という側面が存在することである。特に、パートナーから信頼や愛情を失いかけた男性にとって、過去の加害行為に対して被害者から責められ、不信感を向けられた際に、いかなることができるかというBの側面は、DV克服を実現する上で大きな鍵となる。各介入レベルでこの二つの側面を検討することになるのだが、加害者の回復を考えていくために、まず「行動変容」の取り組みの段階的発展を説明していくことにする。

図16　ＤＶ加害者治療の多層的介入モデル

介入レベル	目　標	主要なアプローチ	加害者の回復の二つの柱 A)行動変容	加害者の回復の二つの柱 B)加害行為に責任をとる
〈1〉 行　動	行動の規制、問題の責任性の認識	処罰、接近禁止命令、弁護士介入		
〈2〉 コミュニケーション・スキル	無視、支配→対等さ、感情の表現 言語表現と意図の一致	ソリューション・フォーカスド・アプローチ、ロールプレイ、ゲシュタルト療法、ＮＬＰ	↓	↓
〈3〉 認　知	ジェンダー、蔑視、支配→弱さの認識、尊重 誠実さ 公正さ	心理教育的アプローチ 認知行動療法、ＮＬＰ	↓	↓
〈4〉 感　情	No. 1：怒り→内在する自己尊重に変容	ゲシュタルト療法、ＰＯＰ イメージ療法、ＮＬＰ、ＴＦＴ	↓	↓
	No. 2：恐怖→安全感、責任性の受容	ゲシュタルト療法、ＰＯＰ、ＮＬＰ イメージ療法、ヴォイスダイアログ	↓	↓
〈5〉 自己認識	無価値感、内的空虚→自己受容、 無力感　自信、誇り	ゲシュタルト療法、ＰＯＰ、ＮＬＰ 認知行動療法、ヴォイスダイアログ		
〈6〉 被虐待体験 DV家庭でのダメージ	トラウマケア	インナーチャイルド・ワーク、トラウマワーク、ＰＯＰ ゲシュタルト療法、心理劇、ＮＬＰ、ＴＦＴ		

【治療モデルA】行動変容

1）介入レベル〈1〉行動

この段階は、加害男性に対して何らかの行動の規制がなされ、加害男性が自らの問題性の認識に至るレベルである。法的な強制力はないが、精神的圧力になりうる弁護士の介入や家庭裁判所の調停という事態から、法的強制力のある逮捕・処罰・接近禁止の命令が裁判所から出されるという事態まで幅があるが、それらによって加害者プログラムの必要性を加害男性に感じさせる介入である。これは、男性が自らの問題を直視するか、拒否するかの分岐点である。通常の心理臨床では治療モデルの中に、このような外部からの行動の規制の要素を含めることはない。しかし、本来のDV加害者治療は、法的受講義務が伴って初めて社会的に十分機能するので、外部からの圧力を治療構造の要素に含め、治療モデルにあえて〈行動〉のレベルを組み入れたのである。米国ではこの介入レベルは一応十分なものと言えるが、日本では未発達の状態にとどまっている。

2）介入レベル〈2〉コミュニケーション・スキル

これは、加害男性のコミュニケーションのレベルを適切なものに変える段階である。介入レベル〈1〉と〈2〉の間には、実際は大きな壁が存在するので、この両者の境界を図16では太い実線で表している。現状では法的受講義務がないため、何らかの行動規制の圧力が加害男性になされたとしても、暴力克服の道を拒否する男性が圧倒的多数を占める事実がそれを示している。介入レベル〈1〉から〈2〉に進んで初めて、暴力のない生き方を本格的に試みる段階になる。

この段階では、パートナーとのコミュニケーションに伴う威圧・支配・敵視を、対等で配慮に満ちたものに変えることを目指す。このレベルは加害男性の回復の最初のステップで、暴力の引き金となった具体的会話を明らかにし、暴力に転じる悪循環を発見する作業から始める。パートナーを傷つけた会話を思い出してもらい、カウンセラーはそのやりとりを画用紙に書いて図示していく。DVを引き起こすには必ず共通のパターンが存在し、同じことの繰返しだと気づいても止められない性質がある。そして、図を見ながらパターンを明確に把握し、きっかけの言葉は何であり、関係を険悪にする引き金は何か、変える余地のある会話と、暴力にいたってしまい、後戻りできなくなる段階の境目は何か、について検討する。そして悪循環を改善するためのロールプレイを実施する。このように、このレベルは会話の様式、言語表現を適切なものに変える試みで、極めて具体的で現実的な取り組みである。また、自分を変えるチャレンジに慣れる入り口としての役割があり、次のレベル〈3〉～レベル〈6〉まで、表では下に進むにつれて、順次深い内面のレベルの変化に取り組むようデザインされている。実際には、レベル〈2〉は、レベル〈3〉「認知」の変化の取り組みと同時に行われることが多い。それではここで、どのような会話の検討やアプローチが行われるかについて、具体例を挙げながら紹介する。

●例【夫婦の会話：適切なコミュニケーション・スキル獲得の取り組み】

〔夫〕		〔妻〕
（夫が仕事から疲れて帰宅すると、二歳の息子が遊んだ玩具が散らかっていて、洗濯物もたたんでいない。その様子を見て、イライラしながら）「ただいま！」	→	（夫の不機嫌な様子を見て「またか」と思いながら）「おかえりなさい……」
（少しムッとしながら）「だいぶ散らかってるね。洗濯物もまだのようだし」	← →	「だから？」
「〝だから〟はないだろう。こっちは疲れて仕事から帰ってるんだから、少しは落ち着かせてくれてもいいだろう」	← →	「はい、そうね」

「いいかげん、配慮ってものがないんだから」

↓

「何、その言い方。じゃ、あなたは配慮があるっていうの。あなたは仕事で疲れて帰ってきてるから、といつも言うけど、私だって一日中この子の相手をして、片付け、食事の支度、何から何までやってんのよ。私が疲れてるのあなたはどれだけ配慮してるっていうの！」

↑

「疲れて帰ってきてんのに、これかよ。うんざりだね」

↓

「あなた、いつもそうやってふて腐れて。散らかってる、ていったって子どもがいるんだから仕方ないでしょ。いいかげん慣れてよ。私だって休みたいんだから」

↑

「おまえが休みたいように、こっちだって仕事から帰ったら休みたいんだよ。もういい、風呂に入るぞ」

↓

「いいご身分ね。こっちは片付けがいっぱい残ってるんだから。どうぞ、早く入ったら」

「なんだ、その言い方は！　こっちからこんなどうしようもない会話をやめようと思って、風呂に入る、って言ってるのに」

↓

「だから早く入ったらと言ってるでしょ。あなたにとって私って何なのよ。私や子どものことなんて、ちっとも大事に思ってないんじゃないの！」

↓

「何てこと言うんだ！（平手が飛ぶ）」

↓

・・・

＊

このように暴力まで至った詳細なやりとりを思い出してもらい、それをカウンセラーはまとめて画用紙に書き、会話の具体的やりとりが書かれた画用紙を見てもらい、彼に感想をきく。すると、まず耐え難いと感じるのは、帰宅したとたん、乱雑な部屋の様子が目に入ってくることだという。カウンセラーは最初の場面を検討するために男性に妻の役割になってもらうことを提案し、彼は了承する。以下にセッション展開例を紹介する。（ロールプレイで会話を再現する。カウンセラーをCoと省略。）

夫「ただいま！」

↓

妻「おかえりなさい……」

↓

夫「だいぶ散らかってるね。洗濯物もま

だのようだし」
（Coはストップをかける）
Co「奥さんとして、言われて今どんな気分ですか」→妻「だから？」
妻役の夫「時々『洗濯物が散らかってる』と彼が怒るんだけど、なぜそんなに怒るのかさっぱり分からない」
（夫に妻役から自分に戻ってもらう）
Co「どうも奥さんとしては『さっぱり分からない』そうですが、分かってほしいですか」
夫「それは分かってほしい」
Co「それでは最初に部屋に入ってきた瞬間に戻りましょう。では一旦立っていただいて、このカウンセリングルームをご自宅の部屋だと考えて下さい。自分が仕事から帰ってきて、この部屋の入り口の場所に立って下さい。そして彼女がいて、洗濯物が散らかっているのが見えます。どんな気分ですか」
夫「とてもイライラする」
Co「そうです。そして奥さんに自分のことを分かってほしい気持ちがあります。しかし残念ながら、先程の伝え方では奥さんとしてはさっぱり理解できなかったようです。あなたにとって、今何が起こっているのか、その本当のところを発見する必要があるでしょう。例えばこのような時に『自分が大事にされていない』と感じてイライラする人がいます。あなたにとってそれと同じかもしれないし、別なことを感じているかもしれません。あなたの中で、何を感じてイライラするのでしょう」

夫「ええ、そうです。自分が大事にされていない感じがするんです」
Co「なるほど。それでは先程のロールプレイに戻って、『洗濯物が散らかっていると、何だか自分が大事にされていない感じがして、イライラするんだ』と言って下さい」
夫「(妻に対して)洗濯物が散らかっていると、何だか自分のことがバカにされた感じがして、イライラするんだ」(次に妻の席についてもらう)
Co「(妻役の夫に)どう思いますか」
妻役の夫「さっきよりは何で怒っているのかわかる。そうなのかと。少し余裕がもてる」
Co「(夫役に戻ってもらう)実際に言ったのは『だいぶ散らかってるね。洗濯物もまだのようだし』と言っていましたが、本当に伝えたいのは今のことですね」
夫「ええ、そうです。自分の怒りをそれで伝えていたつもりだったが、そうではなかったんですね」
Co「そうです。自分では伝えてるつもりでも、本当に伝えたい気持ちを言葉にして伝えていなかったんです。そして自分では伝わっているつもりですから、それに相手が応じていないので『いいかげん、配慮ってものがないんだから』と非難したくなりますね」
夫「そうか、相手に分かるように伝えていないから、期待しているような答えが返ってこないので、『配慮がない』と言いたくなる」
Co「そうです。そして、イライラしていると人間は余裕がなくなって、自分の気持ちをキャッチして伝えることができなくなります」

夫「その時は分からなかった。でもこれから自分の気持ちが分かって、伝えられるようになるか、自信がない」

Co「今まで慣れていないのですから、それはその通りです。これからトレーニングすることによってそのようなチャンネルを開いていくのです。しかし、これは意欲がないとなかなか難しい。あなたとしては、このような新しい自分を作っていくチャレンジをしていきたい気持ちがありますか?」

夫「あります」

(ここで自分の気持ちを伝えるために、手がかりとなる「アイ・メッセージ」と、相手の非難する表現との違いについて説明する。この内容については後述)

Co「さて、では先程の帰宅した直後のやりとりで、違った面から検討をしてもよろしいですか。(夫は了承)では、先程の自分の気持ちを伝える会話をもう一度して下さい」

夫「(妻に対して)洗濯物が散らかっていると、何だか自分が大事にされていない感じがして、イライラするんだ」(次に妻の席についてもらう)

Co「(妻役の夫に)こう言われると、最初よりはなぜ怒っているのかわかるのですね。(Yes)さてそれでは聞きたいのですが、奥さんとしては朝からずっと子どもの相手をして、家事もこなして、本当ならこの時間になれば洗濯物も片付けていたい。(Yes)しかし疲れていて、彼から先程のように言われても、十分配慮できる余裕がないということはありませんか」

妻役の夫「確かに、疲れているので余りたくさん要求されても困るということがあります」

Co「（妻役の夫に）それでは、それを彼に伝えて下さい」
妻役の夫「イライラするというのは分かったけど、私もとっても疲れているので余りたくさん要求されても困ってしまう」
Co「（妻役の夫に）そうですね。そしてあなたは彼の要求に応えなくても、それは彼を大事にするつもりがないということではなくて、ただ余裕がなくて疲れているだけなんだ、と。（Yes）それでは、そのように伝えて下さい」
妻役の夫「私があなたの要求に応えないのは、大事にするつもりがないということじゃなくて、ただ余裕がなくて疲れているだけなんです」（次に夫の席についてもらう）
Co「奥さんはどうもそう言っているようです」
夫「そうなんだと。受け取らなくてもいいような受け取り方をしてきたんだと分かった。でもやっぱりまた同じようなことがあったら、そう感じてしまうかもしれない」
Co「そうです。いままでずっとそう受け取ってきたから、すぐには変わらないかもしれない。しかし、感じ方を変えていきたいのですね？（夫としてはYes）では、今のことをそのまま、自信がないことも含めて伝えて下さい」
妻役の夫「自分のことが大事にされていないように思えて、イライラするというのは分かったけど、私もとっても疲れているので余りたくさん要求されても困ってしまう」
夫「今、そうなのかと分かった。間違った受け取り方をしていたんだと。でもやっぱりまた同じようなことがあったら、そう感じてしまうかもしれないので、自信がない」
Co「自信がないからやめたいのでしょうか、自信がないけれども変えたいのでしょうか」
夫「いや、自信がないけど変えていきたい」
Co「（妻役の夫へ）彼はそのような思いをもっているようですから、奥さんとしての言い分を伝えて下さい」
妻役の夫「誤解が解けて嬉しい。でもずっとこうだったんだから、すぐには変わらないかもしれないけど、今日のことは絶対に忘れないで、努力だけは続けてほしい」
夫「わかった」（ここで一区切りして感想をきく）

＊

以上のような展開例を紹介した。実際にはもっと細かい調整も行われるが、大筋はこのような体験や気づきの深まりが発展していくと考えて差し支えない。ロールプレイ前半では、妻を怒って非難するのではなく、「自分が大事にされていない感じで、イライラする」という彼の中の気持ちを適切に表現することで、相手を傷つけずに自分のことも十分表現し、お互いの関係を尊重するコミュニケーションを習得していく。後半では、夫が怒る反応を妻の側から見て、この状況をトータルに把握しながらのコミュニケーションを習得していく。ここでは帰宅直後のやりとりを検討したが、もちろん手が出る直前の妻の言葉と自分の反応を検討する取り組みも必要で、それも以上のようなやり方で行う。妻からどのような非難の言葉が浴びせられた時に、自制できないほどの怒りが込み上げてくるか、というパターンを知ることも重要である。実は紹介したセッションは、技法的にはロールプレイの域を越えて、暴力克服ワークショップの際にも触れたゲシュタルト療法という、感情表現を促進しつつバランスをとる技法にまで踏み込んでいる。また、先程のやりとりの文面には現れにくいがNLP（神経言語学的プログラミング）という、コミュニケーションの中の催眠の技法も併用し、気づきの効果を高めている。このセッションでは、「自分が言葉で伝えている内容と、発言の背後の感情・意図の不一致を一致させる」ことを目標に、次のような留意点をもって取り組む。

夫は帰宅直後、「ただいま」と言った後、「だいぶ散らかってるね。洗濯物もまだのようだし」と妻に言った。しかし、これは本当に妻に伝えたいことではなく、自分の内側を吟味した結果「洗濯物が散らかっていると、何だか自分のことが大事にされていない感じがして、イライラするんだ」と伝えたいのだということが分かった。言葉で伝えている内容と、本当に伝えたい意図が一致していないのである。しかもセッションのやりとりであったように、イライラして会話している時は、何を適切に伝えたいのかを自分で把握していない。このために、コミュニケーションがこじれ、自分の意図した方向に進まないために、怒りが高まっていく。

もちろん自分だけが大事にされたいというのではなく、同時に相手も大事にしなければ、本当の意味で自分を大事にすることにはならないという方向に進んでいく。そして、相手に対する関心が希薄であったことに気づき、相手を大事にすることが、お互い居心地よくなるというコミュニケーションのパターンを修得していく。パートナー同士かかわる本当の意図は、「お互いが居心地よくなりたい」

ということである。そのかき消された意図を繰り返し確認し、強化していくことになる。意図と言語内容を一致させるために、次のような幾つかの取り組みを進める必要がある。

①感じる能力を高める

自分が本当に伝えたいことを適切に伝えるためには、何を伝えたいかを正確に分かっている必要がある。この場合、単にロールプレイを行っても自分でつかんでいないことも多く、カウンセラーは本人の状態をみながら、何を伝えたいかをキャッチし、それが本人と合致するかどうか確かめる作業が必要である。このようなトレーニングを重ねることにより、会話の際に自分の中で何が起こっているかを把握する感受性を高めていく。

加害男性は相手の言動によって自分の感情が変わると認識している。そのため事態がうまく進まない原因を外部に求めやすい。そのような関心の方向を逆にし、自分の内側に対する関心へと方向転換する必要がある。しかし、加害男性は今まで自分の状態へ関心を向けることを拒否してきたので、一般に、このような取り組みが困難である。これはジェンダーの機能と密接に関係しているが、感情を感じることの拒否や、感情凍結化の問題がある。この問題の対応については、ゲシュタルト療法・POP（プロセス指向心理学）・NLP・イメージ療法といった技法を通じて改善が可能である。特に気持ちを感じにくい場合は、身体感覚（身体のある部分が、暖かい・冷たい・重い・微妙に動く感じがあるなど）に焦点をあてて、その身体に感じている感覚を発展・強化し、先の技法を活用して、自

分の気持ちを感じ取るワークを行う。（このワークの実際は専門書で公開する）

②「感じる」と「考える」の違いを理解する

「感じる」と「考える」とは全く異なることであるが、この違いを理解している人は、実は男女を問わず稀である。例えば、暴力を受けた妻が突然行方不明になり、加害男性が妻の居所を必死に探して、筆者に電話をかけてくるケースがある。彼は次々に質問をする。「いなくなって二週間たつが、今妻はどのような所にいる可能性があると思いますか」「今、妻は自分に対してどんな気持ちでいると思いますか」「彼女がまたフラッと戻ってくる可能性は何％くらいあると思いますか」

この種の電話では、たとえこちらが懇切丁寧に答えたとしても、答えたとたんに次の質問が飛んでくるのが常である。実は彼はこれらの質問の答えが知りたいから質問をしているのではない。これらの質問は全部「考えて表現したこと」である。本当は、質問を通じて「妻がいなくなって、寂しくてたまらない。楽になりたい」と言っているのである。これは感じていることの表現である。感じたことの表現とは、感情、身体感覚の変化、気分、情感などの直接的表現である。しかし当人は、先の質問の答えが得られれば楽になれるはずだという思いで質問を投げかけるのだが、それは元々不可能なことを願っているのである。

この加害男性の内側には、圧倒される孤独感と、将来が不明なことによる恐怖がある。その感情を封じるために、考えを次から次へと巡らし続けるのである。感情・気分・身体感覚はその時点の生々しい体験である。この場合、考え、想像することによって、質問を作り続けることは、そのような生々しい体験から遊離させるが、肝心の内的体験が置き去りにされるので、気分が不安定なままであり、ますます質問に執着する結果を生む。無限の質問へとつき動かしている孤独感や恐怖の苦しさを緩和するには、カウンセラーとの共同作業によって、その苦しさと向き合う以外にはない(この作業については、後の、介入レベル〈4-No.2〉「恐怖」の取り組みの説明を参照)。多くの加害男性は、このような自分の内面を見つめる作業に恐怖するために、ひたすら考え、行動を駆り立てる。しかし必死で探索行動をしても、周囲を巻き込み、妻を恐怖に陥れて事態を悪化させるのみで、実際には男性にとって何も得ることはなく、誰にとっても悲しい結末を生むだけである。

加害男性は「考える」世界が中心で、「感じる」世界にアクセスすることが少ない。加害男性が生き方の支えにしているジェンダーは、自分の状態を感じ、それを表現することを抑制する。自分がそのようなありのままでいることは、自分が無防備な状態にさらされる怖さがあるからである。社会の中で自分を表現せずに「考え」の表現を中心にすることで、自分を守ってきたのである。カウンセラーは、加害男性が「考え」の表現に終始する時、感じている体験の方に焦点を当てる介入をする。そして本人が表現しているのは「考え」であり、「考える」と「感じる」の違いについて知るための手短なレクチャー(心理教育的アプローチ)を行い、今、表現しているのはどちらなのかを区別できるようにしていく。

③気持ちを表現する形式を身につける「アイ・メッセージ」

冒頭の会話で、夫「だいぶ散らかってるね。洗濯物もまだのようだし」と妻に言っている。これは「怒ってものを言う」ことであり、それは「怒りを表明する」とは異なる。しかしロールプレイでは「洗濯物が散らかっていると、何だか自分のことが大事にされていない感じがして、イライラするんだ」という言葉によって、「怒りの感情を表明」している。「だいぶ散らかってるね。洗濯物もまだのようだし」は、語調や表情などにより、非言語的に怒りが伝わるだけである。

感情を表明する時、我々は必ず《私I《アイ》》を主語にして表現しており、これを「アイ・メッセージ」という。不満など「怒ってものを言う」時、ほとんどの場合《You》を主語にして表現する。先の夫婦の会話では、状況を指摘する時に、人物でないものが主語になる場合もあるが、「洗濯物もまだのようだし」「だから、はないだろう。こっちは疲れて仕事から帰ってるんだから、少しは落ち着かせてくれてもいいだろう」「いいかげん、配慮ってものがないんだから」など、大部分の主語は《You》であり、これを「ユー・メッセージ」という。さらに、女性は「アイ・メッセージ」で伝えることが多く、男性は「アイ・メッセージ」で伝えることが少ないために、コミュニケーションがかみ合わないことを理解し、コミュニケーションのレベルを合わせることを目標の一つとするよう提案する。これは次の段階「認知」の変化に向けての心理教育的アプローチに相当する。そして感情を表明することに慣れるために、「アイ・メッセージ」で言語表現することの練習も行う。

以上、解説した内容で理解できると思われるが、これらは単なる会話の練習ではない。具体的な言語表現の修正を行っていくのだが、パートナーとの会話の内容よりは表現の形式に注目するものであり、自分の内面にコンタクトする作業、および内面の気持ちと言葉の表現をつなぐ試みなど、非常に多面的なものを含んでいる。他にも、相手の気持ちを無視せず、きちんと受け止めるコミュニケーション法、男女間に多発するコミュニケーションのねじれパターンなど、多くの側面をトレーニングしていく。加害男性は、この最初の段階で単に妻との会話の〝うまいやり方〟を学ぶのではなく、今までの物事の考え方の修正にチャレンジすることになる。セッション例で紹介したロールプレイでは、認知の修正の領域も扱っており、以降の介入レベルへのアプローチの萌芽ともなっている。

3）介入レベル〈3〉認知

先のセッション展開例の解説部分で述べた留意点以外にも、認知のレベルでは特に重要な取り組みを行っており、それを次に追加して述べたい。

①パートナーのメッセージの「誤読」の修正
不適切な認知と「誤読」

先の例で、夫が仕事から帰ってきた時に、洗濯物が散らかっている事態を「妻が自分を大事にしていない」というメッセージとして受け取った。そしてロールプレイの進展の後半で妻としての見方に焦点をあてながら、ロールプレイを発展させていった結果、次のような認識に到達した。それは「妻としては、夫の要求に応えられないということがあっても、それは夫を大事にするつもりがないということではなくて、ただ余裕がなくて疲れているだけなんだ」ということであった。そして「受け取らなくてもいいような受け取り方をしてきたんだ」という気づきも生まれている。加害男性には、妻に全くその意図がないにもかかわらず、妻の言動を「自分をバカにした」「意地悪をした」「つまはじきにした」など、何らか自分を疎外するものと受け取ってしまう傾向がある。それはあくまで、夫側の「読み取り違い」、つまり不適切な認知によって引き起こされているのであって、妻側の要因ではない。紹介例ではメッセージを正確に読み取るような認知の修正の作業を行っている。このようなセッションを積み重ねることにより、パートナーのどのような態度・言葉などが、読み取り違いを起こすかというパターンを発見していく。

認知の修正とジェンダー問題の関連

このような取り組みを進めることとは、必然的に、相手への法外なケア役割の期待、誇大な支配欲、といったジェンダー意識の変革を促すことになる。しかし、相手への法外なケア役割の期待という側面一つをとっても、先程の例のように「自分が大事にされたい」欲求の不適切な現れであったり、妻との精神的繋がりが断たれる寂しさが背景にある、など体験的個人差が大きい。それゆえ、認知の修正の作業の際には、パートナーとのコミュニケーションの背景にある極めて個人的な感情体験・認知構造・欲求などを本人が理解し、望ましい認知を前提としたコミュニケーションを作り出す必要があ

認知の個人的修正 ⟶ ジェンダー問題としての位置づけ
（個別的体験）　　　　　　　　（社会問題化）

図 17

る。最初から直接、男性のもつジェンダーが不適切な認知を生み出している側面に気づくアプローチを試みても、現実に起こっている体験とは開きがあり、有効には機能しない。例えば、個々の加害男性のもっているジェンダーの傾向を分析し、それを暴力を生み出すメカニズムと説明づけ、ジェンダーを変えるエクササイズを実施したとしよう。それらを個々の加害男性が理解したとしても、当人の生の内面の体験とつながる精密な作業が欠けているために、微妙に差が生じ、本人が自覚せずとも無理な納得となってしまう。そして時間が経過するにしたがって、当人の内部で矛盾が生じ、効果の薄いものとなる。

個人的レベルの認知の修正が実現した後に、それが社会文化的バイアスに強く影響されていること、男性が共通の認知の歪みをもちやすい傾向が、具体的に自分にも現れていることを理解する取り組みに移行する。このように個別的体験を掘り下げて健康なものに修正した後に、社会問題の現れの側面としても位置づけるという手順が自然であり、ジェンダー問題が内的体験と結びついた形になる。以上のような理解は心理教育的アプローチによってなされるのだが、実際、そのことによってDV加害の問題を乗り越えるために独特な深みを与えてくることを、筆者は経験している。すなわち、男性は精神的なバランスを崩すと、それを過剰に補うために暴力嗜癖を選択し、加害を後押しする文化（ジェンダー）を無意識に活用する傾向を生むのであり、そのような男性として生きる課題が自分に現れていると認識してもらうのである。パートナーとの極めて個人的関係で起こった問題でありながら、一方で社会的問題として自分のDV行為をとらえ直すのである。

セッションでは、男らしさの観念の変化についての自然な気づきが生じた時に、カウンセラーはそれを強化する。「妻に自分の弱さを見せてもかまわないのだ、と初めて今、思った」といった言葉、いつも自分が優位に立っていなくてもよいこと、「相手を尊重するとはこういったことなのか」という気づきなど、これらが脱ジェンダーの認識であることに、カウンセラーは敏感になる必要がある。また、加害男性は職場に戻ればジェンダーに基づいた価値観にさらされるので、自助グループは脱ジェンダー文化を共有し、支え合う場としての意義も存在する。

治療モデルによる段階的発展

さらに次の段階、つまり「レベル〈4〉感情」の変革に発展し、自分に対して何を期待し、何を拒否しているか、という、一層深い感情のダイナミックスの問題を取り扱う。これは内面のバランスを取り直す作業を推進することによって、不適切な認知の問題を一層深いレベルで解決していく作業である。また、子ども時代の被虐待体験が不適切な認知を形成している例も少なくない。このような場合、レベル〈6〉「被虐待体験」の取り組みが必要で、トラウマケアの心理療法を実施し、レベル〈5〉「自己認識」を自己肯定的なものに変える試みも必要になる。このように《多層的介入モデル》は、加害男性の暴力克服が極めて系列的に発展していく構造をもっている。

②怒りの感情・暴力は自分が引き起こしているという認識

先述のセッションの感想で「妻が自分を怒らせているとばかり思っていたが、気持ちの伝え方のまずさとか、自分が妻のことを間違って受け取っているから怒っているんで、これでは自分で原因を作っているようなものじゃないかと思う」との発言は重要である。これは大きな認識の逆転であり、初めは抵抗感もある。しかし、特に怒りの感情は他者からもたらされたものではなく、自分が引き起こしているという前提は、暴力克服の上で必要不可欠なものである。自分がどのように怒りや暴力を引き起こしているか、という視点に立って初めて、自分の感情や行動を引き受け、責任をとっていくことができる。しかしその克服する力を有効に使うためには専門家の手助けが必要である。

4-1）介入レベル〈4-No.1〉怒り

感情の性質

怒りが暴走するとDVが起こるのは明らかである。そして怒りが暴力を生むのだから、怒りを抑えなければならないと、多くの人が考えるであろう。しかし実はそのような努力は無益である。感情は抑えても沸き出てくることを、人は経験的に知っているはずである。それでも役立たない方法をとるのは、その他に感情の取り扱いを知らないからである。私たちは感情の性質だけでなく、精神生活の適切な知識をどこからも学んでいないのであり、この生きるために密接な領域に関して無知なままでいるのは驚くべきである。多くの加害男性は次のように期待して筆者に会う。「今までうまくいかなかったのは、有効に自分の怒りを抑える方法を知らなかったからだ。カウンセラーからうまく自分を抑える方法を伝授してもらえると助かる」と。だが、この怒りの感情に適切に対応するには、まずこの発想を捨てなければならない。怒りを強く抑えれば抑えるほど、圧迫されてきた怒りの感情は強大になり、一層強い力で抑えなければならなくなるという繰り返しの末、ついに怒りが抑えきれなくなる。今までうまくいかなかったのは、有効な方法を知らなかったからではなく、方針が根本的に間違っていたからなのである。

一方、怒りを表現するのは、怒りを暴走させる危惧があるのでダメだと考えている。要するに、怒りを全面的に抑えるか、全面的に出すかという「0か1か」の選択しかもっておらず、中間地帯の怒りの表現のレパートリーをもちあわせていないことが問題なのである。怒りの問題についての対応の方針は次の二つである。(ただし現実には、第1章で紹介した「タイムアウト法」という緊急対応の方法を、時に用いることもある。これはあくまで現実的理由のために必要であって、根本的解決とは異なるものである。)

①怒りをコミュニケーションの中で適切に表現する

これは「介入レベル〈2〉コミュニケーション」で紹介した。すなわち、言語表現と、その背後の意図の不一致を一致させることであり、「自分が大事にされていない感じがして、イライラする」といったアイ・メッセージの形で、怒りを表現していくことである。フラストレーションを減じ、自分も相手も尊重するコミュニケーションを身につけ、怒りを適切に表現していくのである。これは、0か1かでない中間地帯の怒りの表現のレパートリーを豊かにすることに相当する。

②怒りを肯定的な感情に変容する

これは、介入レベル〈2〉よりも内面の取り組みである。怒りの内実には必ず肯定的な自己尊重の感覚が存在するのであり、怒りをそのような肯定的な感覚に変容することにより、怒りを危険でないものに変えるアプローチを行う。

怒りは破壊的な作用をもっているために忌避されがちである。実は、怒りの感情は、自分にとって大切な何かが尊重されなかったり、実現できなかったりする際に生じる。それゆえ怒りの背景には、損なわれた大切な感情・価値観などを取り戻そうとするプロセスが必ず存在する。それゆえ、怒りの感情が起こってきた時には、「自分にとって大切な何が損なわれたのだろうか」「自分にとって大切な何が実現できなかったのだろうか」と問いかけることが重要である。試しに、怒りに駆られた時、この質問を自分になげかけてみていただきたい。そしてその質問に納得いく回答を発見した際には、「妻が〜と言ったことが許せない」「妻の〜という態度が気にくわない」などの言い分が浮かんでいる時とは違って、怒りが消えるわけではないが、若干の落ち着きを感じられることであろう。

このような作業をカウンセラーによる集中的なワークによって実施する。以下のセッション展開例は、ゲシュタルト療法にＮＬＰを組み入れたアプローチである。必ずこのように発展するものでもなく、当然ながら当人の内面世界を引き出し、問題解決のために発展させていくのであるから、個々人で全く異なるワークとなる。個々人のテーマや内在する課題の性質によって、治療モデルに示した、この介入レベルの技法を逐次選択する。個人セッションでは、ゲシュタルト療法・POP・イメージ療法を活用し、グループでは、ゲシュタルト療法・POP・心理劇を活用する。

【怒りを肯定的な感情に転化するワーク】

カウンセラーは夫に、いかんともしがたい怒りの感情を起こさせる妻の一言を思い出してもらう。先程の例に合わせて「あなたにとって私って何なのよ。私や子どものことなんて、ちっとも大事に思ってないんじゃないの!」という言葉を思い出したとしよう。

Co「それではこれから、妻として目一杯夫を非難する気持ちで、この言葉を言って下さい。あなたが彼にこの言葉を投げかけるいつもの口調で言って下さい」

妻役の夫「あなたにとって私って何なのよ。私や子どものことなんて、ちっとも大事に思ってないんじゃないの!」(夫として自分の席に戻ってもらう)

Co「今、言われて何を感じますか」

夫「そこまで言うなんて許せない」

Co「身体のどこに、そのような強い怒りを感じますか」

夫「お腹から胸のあたり」

Co「それではそこに手を当てて下さい。今、当てている手の奥に強い怒りを感じていますね。(夫はYes) それでは、その怒りを何かにたとえてイメージで表現して下さい。例えば、凶暴な動物とか、嵐とか、火山のマグマのようだとか、ご自分にとって一番ぴったりのイメージで言うと何でしょうか」

夫「虎が吠えているイメージです」

Co「なるほど。それでは、その吠えている虎がこの部屋に存在していると考えて下さい。場所を捜して、虎としてその場所に行って下さい。(夫の席の前にイスを置いて、虎としてそこに座る) はい、そこですね。そしてその虎はどのように吠えていますか」

虎としての夫「大きく体全体で吠えています」(動作もつけてもらう)

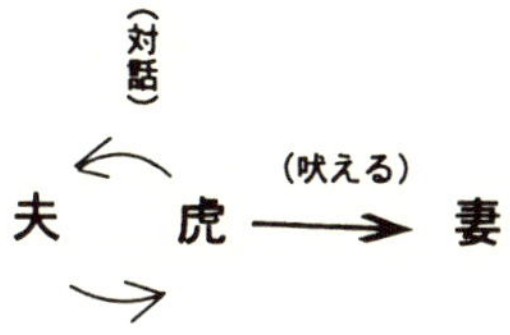

図 18

Co「そうです。大きく体全体で吠えていますね。何に対して吠えているのでしょう」

虎としての夫「何か岩石のような、自分を押し潰してくるものに吠えているように思う」

Co「なるほど。そして吠えても岩石はやってきますか」

虎としての夫「くる。吠えながら岩石を押し戻したり、わきにそらしたりする」

Co「そうですね。そして虎であるあなたは、押し潰されないために、本当は何を守っているのでしょうか」

虎としての夫「自尊心を守っている」
Co「なるほど。それでは、夫に対して、岩がやってきてあなたの自尊心が押し潰されないために守ってることを伝えて下さい」
虎としての夫「自分は、吠えながら岩石を押し戻したりして、あなたの自尊心を守っているんだ」
Co「それでは夫の席に来て、自分に戻って下さい。（夫は自分の席に戻る）あなたの中にいる虎がこのようなことを言っています。それに対して答えて下さい」
夫「自分の自尊心を守ってくれるのはいいが、ちょっと出過ぎだし、あなたは危ない」
（夫から虎になってもらう）
虎としての夫「自分は必死であなたのためにやっているのだから、もっと認めてくれてもいいじゃないか」（虎から夫になってもらう、以下同様に役割を交替する）
夫「確かによくやってくれているとも思うんだが、あなたがいつ暴れるかと思うと、気が気じゃないんだ」
虎としての夫「暴れたことも何度もあるが、本当は暴れたいわけでなく、あなたの自尊心を守りたいだけなんだ」
夫「そうなんだ、あなたが暴れて妻を傷つけるのが目的ではなくて、自尊心を守ろうとしているだけだ。それでは、妻を傷つけたりしないで、自尊心を守るようにしてくれないだろうか」
虎としての夫「こっちもできればそうしたい。だけど、岩やいろんなものがやってきて、危ないから防衛上、いきがかりで暴れてしまうこともある」
Co「確かに危ないことがあるが、いきがかりで暴れてしまうのも困るから、なんとかそうならないで防ぐために、何か必要なことはないか、と、聞いて下さい」
夫「確かに危ないことがあるけれど、いきがかりで暴れてしまうのも困るから、なんとかそうならないで防ぐために、何か必要なことはないだろうか」
虎としての夫「どのくらいの大きさの岩がどんな方向からくるのか、など、よく見ていて指示してほしい。そうすると少し余裕をもって防衛できる」
夫「それなら協力できる。少ない力で、こちらの自尊心を余裕をもって守ってほしい」
虎としての夫「それなら守る役目をこちらだけがやるのでなく、ちゃんと協力してくれ」
夫「わかった」(ここで一区切りして、感想を聞く)

＊

怒りとしての虎は、本人にとっていつ暴走するか分からない危険な存在と思ってきたが、ここでは自尊心を守る大事なものだということを発見している。さらに虎は「暴れて妻を傷つけるのが目的ではなくて、自尊心を守ろうとしているだけ」なのであって、「妻を傷つけたりしないで、自尊心を守るように」するための探求もなされている。虎の本来の目的と、その結果起こっていることが食い違っており、それは望まないことを確認する。そして最後に、虎と自分との間で危険を生まない協力関係が築かれている。

凶暴化した怒りの象徴である虎は、危険なだけに本人はこれまで排除してきた。ところが、排除し、遠ざければ遠ざけるほど、怒りは暴走しやすくなる。この問題を解決の方向に進めるには、遠ざけていた怒りの象徴である虎と十分なコンタクトをとることが必要になる。しかし、これは危険を伴うので抵抗が生じ、どうしても避けてしまう。それをこのような心理療法的アプローチにより、怒りを比喩的に表現（この場合は虎）した存在に接近を試み、危険なものに内在する肯定的な意図を顕在化し、体験し直すことが重要なのである。怒りの感情は、それを否定するのではなく、このようにむしろ大切に扱う必要がある。怒りと暴力は、決してイコールではないのである。

4-2）介入レベル〈4-No.2〉恐怖

①暴力行為を起こす直接のメカニズム

コントロール不能な怒りを生み出す背後には、強い恐怖が存在するのであるが、その好例を紹介する。現在の日本で宮崎駿の名を知らない人は珍しいだろう。彼の評価を決定的にしたのは劇場版アニメ『風の谷のナウシカ』である。この映画の冒頭に次のようなエピソードがある。

巨大産業文明が「火の7日間」と呼ばれる大戦争で崩壊した約千年後、生態系は大幅に変化し、腐海という有毒ガスを出す植物と巨大昆虫の住処が地球の大部分を覆っていた。その腐海のほとりで主人公ナウシカは、師と仰ぐ剣士のユパが巨大昆虫オウムに襲われるところを救う。そしてユパが襲われるきっかけとなったキツネリスという動物を、ナウシカが譲り受ける場面がある。キツネリスは小さいが凶暴という。毛を逆立て牙をむくキツネリスに、ナウシカはそっと手を差し出した。「ほら、こわくない……こわくない……」。するとキツネリスは「キーーッ」と鳴き声をあげ、突然ナウシカの指に噛みついた。ナウシカは指を噛ませたまま「ほらね、こわくない。ねっ」と落ち着いて語る。やがてキツネリスは自分が噛んだナウシカの傷口をなめ始めた。ナウシカは「脅えていただけなんだよね」と笑うと、キツネリスはもう慣れて、腕を走り回る。これは、動物や自然と心が通じるナウシカの能力の最初の現れとして置かれた、小さなエピソードである。キツネリスは牙をむいてナウシカの指に噛みついた。これは暴走する怒りである。しかしナウシカはキツネリスが牙をむく理由も、何をすればよいかも知っていた。指に噛み付くほど攻撃的になったのは、生命の危険を感じ、怖くて脅えていたからで、ナウシカが危害を加えないことを伝え、安心させればよいのである。このエピソードから、恐怖を受容するためには、安全感が必要であることがわかる。

DVの場合、加害男性の根底に「自分が無価値である感覚」や内的飢餓感、無力感（治療モデルのレベル〈5〉「自己認識」の箇所を参照）が存在する。それはあらゆる嗜癖者の根底にある感覚であり、それをダイレクトに感じるのは、ジェンダーにより自分の存在感をかろうじて支えてきた者にとって、自己崩壊の危険と感じられる。パートナーの何らかの言動がその部分に触れると、加害男性は、無価値感・内的飢餓感・無力感が自分の内側にあるものと感じないで、パートナーによってもたらされたと感じる。そして、その感覚を呼び覚まされる恐怖から、自分を護るために強烈な怒りが沸き出てきて、暴力に至るのである。すなわち、ＤＶは加害男性の精神の根底にある脆弱さに触れることに対する自己防衛なのである。以上のことを本当に理解すると、見かけ上、パートナーという外界の存在が怒りを起こさせているように感じられても、自分の行動・言葉などは全て自分が起こしていると認識することができる。

②恐怖の感情へのアプローチの方針

それでは、自制できないほどの怒りを生み出す恐怖に対して、カウンセラーとしてどのようにアプローチしたらよいであろうか。それはナウシカの話で紹介済みであるが、恐れの感情を無害化するためには、恐れの存在を受け入れ、安全感を体験することである。しかしこれはしごく厄介なことで、触れるのも苦痛な恐怖に近づいていかねばならないのであるから、大きな抵抗が起こる。恐怖のただ中では、自分が恐怖を体験していることすら気づかないこともある。安全であることを確認できて初めて自分の中の怖さが感じられ、あるいは表現できるのである。

これがＤＶの場合、加害男性は次のような体験をしていく。加害男性の中には、個人セッションを受けるようになって初めて、自分の内面が空虚で、自分を育てていなかったことに気づき、驚いたということを語る人もいる。自分に自信がないと語り、それを見ないようにしてきたという人も多い。見ないようにする防衛には、必ず恐怖の感情が伴っている。ジェンダーと嗜癖は密接に関係しているため、ワークを進めると、最初は自分が無防備で剥き出しになった落ち着かなさを感じる。そして、自分の中の恐怖の感情に関して、そこに内在している様々な側面を言葉やイメージで表現し、受けとめ、そのあり方を尊重していく。そのような作業を進めるうちに、自分の中心が空虚で無価値の感覚であっても、恐怖でそれを避けるのではなく、ありのままを認められるようになるのである。さらに、次の介入レベル〈5〉「自己認識」の取り組みに至って、自尊感情を高めていくことも可能なことを体験すると、恐怖を避ける必要もなくなってくる。ワークに活用する技法は、ゲシュタルト療法、POP、イメージ療法、ヴォイス・ダイアログなどがある。ヴォイス・ダイアログとは、自分の中の人格的なまとまり（これをサブパーソナリティ〈準人格〉と呼ぶ。怒りのレベルのワークで出現した〈虎〉もその一つ）を外に出して対話を行い、その自分の中の人格的まとまりの影響力を減少していく技法である。ここでは、ワークの実例を省略し、加害者の回復のもう一つの柱である「治療モデルB　加害行為に責任をとる」の取り組みの系列の中で、恐怖の感情に対するワークを紹介する。

DV克服を進める上で、このレベルに大きな障害がある。それは、〈4－1〉「怒り」と〈4－2〉「恐怖」の間には強い抵抗の壁があり、恐怖のレベルまで取り組むことのできる加害男性は、数の上で限られる。このことは、「治療モデルB　加害行為に対して責任をとる」の側面に伴う恐怖とも大きな関係があるが、恐怖の体験まで向き合っていくには、精神的キャパシティが必要である。それがそなわっていないと、恐怖の層に触れる取り組みには自動的にブレーキがかかってしまう。そのような加害男性は、必然的に怒りまでの範囲に終わってしまい、より深い根本的なDV克服にまで至らない。それゆえ、治療モデルにおいて、〈4－1〉「怒り」と〈4－2〉「恐怖」を隔てる線は、太い実線で表現している。また、教育的プログラムでは怒りの感情のコントロールまではある程度可能であるが、恐怖へのアプローチは治療的プログラムでなければ不可能である。もし、根本的にDV克服を目指すのであれば、恐怖のレベルから先のレベルへのアプローチは治療的プログラムでなければならない。教育的アプローチ、治療的アプローチ、それぞれの役割があることは第2章で述べたとおりであるが、加害者プログラムの根幹に治療的アプローチを置く根拠がここにも存在するのである。

5）介入レベル〈5〉自己認識

加害男性全員が次のレベル〈6〉を必要とするわけではないので、レベル〈5〉とレベル〈6〉の間を点線で表している。〈5〉「自己認識」の変革が最終段階の取り組みとなる方も多い。もちろん全てのレベルは関連しあっており、実際のセッションでは行きつ戻りつしながら次第に深い段階にアプローチしていく。介入レベル〈4－2〉「恐怖」の箇所でも触れたように、〈5〉「自己認識」は、恐怖の感情の受容の作業と抱き合わせて行うことも多い。実際には、個人セッションの展開途上で、徐々に肯定的な自己認識を獲得するプロセスが進むこともしばしば生じる。

この「自己認識」レベルでの取り組みでは、根底にある自己否定の感覚や無力感から目をそらさず、ありのままを受容し、自分を内側から支える力を養うことが目標になる。

例えば、個人セッションを進めていくと、妻は安心するどころか、本当に暴力がなくなるのかどうか却って不信感が高まり、過去のことを持ち出して夫を責めがちである。そのような時、「妻から認めてもらえないと、苦しくてたまらない」と語る加害男性は少なくないが、これは他者からの肯定的な評価がないと安定していられない状態である。そして「どうしたら他の人からの評価を気にしないで、自分で自分のことを認められるようになるだろうか」と自問自答、あるいはカウンセラーに質問したりする。さらにセッションを進めていくと、「自分のためにカウンセリングを受けているんだから、自分がよい方向になっていれば、自分がまずそれを認められればいいのじゃないか。妻からも評価してもらえればそれにこしたことはないが、必ずしもそれはなくてもいいのじゃないか」と語る時がくる。そしてカウンセラーは、そのような気づきこそが、自尊感情（セルフ・エスティーム＝自己肯定の感覚）を高める変化であることを伝え、そして本人もその体験を受け入れていく。これは自己認識レベルのささやかであるが確実な変化である。先の男性の言葉は、自分のあり方を誇大に評価するのでもなく、卑下するのでもなく、自分をありのままに認める力が高まっていることを示している。これは「何かうまい方法」によって自分を認められるようになるのではなく、先のような視点の転換を直接に体験することを目指すのであり、それを促進するための微妙な働きかけをカウンセラーは行っているのである。なお、この段階のワークは、暴力克服ワークショップのセッション例が、セルフ・エスティーム向上のワークに相当するため、ここでは省略する。

加害男性は、嗜癖者の根底にある無価値感、内的空虚感、内的飢餓感、無力感を埋め合わせ、一時逃れするためにジェンダーにのっとった嗜癖行動であるＤＶを選択・維持し、それを補強する差別につながる価値観（ジェンダー）で防衛する。このように、DV加害は本人の全存在に根差したものであるため、DV克服はこれまで述べた全ての介入レベルによる変化を実現しなければならない。このように、グループでも個人でも特徴を違えて各レベルの取り組みが可能なのである。

6）介入レベル〈6〉被虐待体験

これまでの筆者の臨床経験では、加害男性のうち二分の一より少ないが三分の一より多い割合で、子ども時代に被虐待体験、DV家庭で成長することによるダメージ、いじめ被害体験があるように思われる。この事実は、加害男性にとって子ども時代のトラウマケアが不可欠であることを示している。しかしこのようなトラウマを、DV加害者となる原因と直接結びつけるのは早計と言うべきであろう。これらの背景があっても、健康な人間関係を豊かに経験することによってDV加害をしない男性も多数存在するからである。被害体験に晒されると、決定的に自尊感情が損なわれるために、男性としての役割期待の価値観（ジェンダー）によって、内側を補強し、苦痛や惨めさの感情を覆いつくそうとする。介入レベル〈4-2〉「恐怖」で述べた「暴力行為を起こす直接のメカニズム」として、「DVは加害男性が精神の根底の脆弱さに触れることに対する自己防衛である」という図式は、被害体験がある場合にも大筋では変わらないが、トラウマによる後遺症が存在する場合、次のようなメカニズムが加わる。

・パートナーの態度、言動等の刺激（過去の被害体験に存在していた要素と偶然に一致）
↓
・過去の被害体験の際に体験していた憎しみ、敵意、恐怖が呼び起こされる
↓
・パートナーの態度、言動を過去の加害者のものと同一と感じる
↓
・激しい敵意、憎しみをパートナーに向け、暴力に発展する

人間にとって限度を越えた耐え難い苦痛を経験すると、それはトラウマとして本人の内部に残り続ける。しかも、その体験はどれほど時を重ねても、最近体験したもののごとく、新鮮なものとして保存されており、当時の憎しみ・恐怖・屈辱感・嫌悪感などは色褪せることがない。また、トラウマの記憶は通常の記憶と異なるメカニズムで脳に痕跡をとどめることが、近年、大脳生理学的にも解明されつつある。トラウマ体験のある加害男性の場合、以上のようなメカニズムが働き、パートナーの態度・言動を、当時の虐待・いじめを受けている際の感情と感じ取るのである。パートナーが、本人に「自分の態度・言動は、過去の加害者とは全く違っている」といくら説明したとしても、同一のものと感じられ、区別ができないために、コントロール不能となる。そのため、過去に加害者に対して向

けていた感情を直接パートナーに向けるのである。一方的に加害者に見立てられたパートナーとしては、訳が分からずに罵倒され、暴力を被ることになる。これは過去の被害体験の再現であり、過去の加害者に対する復讐でもある。

このような事態を防ぐには、トラウマケアのための専門的な心理療法を受け、過去のぬぐいがたい苦痛の体験を癒し、人生の中で新たに位置づけ直す作業が不可欠である。幸い、近年トラウマケアについては多くのアプローチが開発されており、海外で開発されたものも積極的に紹介されている。現在のところ、筆者の臨床チームでは、ゲシュタルト療法・POP・NLP・心理劇によるトラウマケアを実施し、また、詳述しないがイメージを用いた特殊なトラウマワークも活用している。TFT（思考の場療法）というトラウマケアのためのツボを十分にタッピングするという最新のアプローチも活用している。また、インナー・チャイルド・ワーク（内なる子どもの癒し）というアプローチも重要である。これは、普段は奥深くに隠れている子ども時代の傷ついた自分を、イメージ・絵画などによって引き出し、大人の自分が、過去の自分の養育者となって大切に扱うことを体験するワークである。暴力克服ワークショップで紹介した心理劇（かつて虐待された自分を救い出し、父親と対決する心理劇）が、インナー・チャイルド・ワークを大規模に心理劇として応用したものであることは、既に言及した。トラウマケアの具体例は、この心理劇を参照することによって、読者にも鮮烈にイメージできるであろう。一方、NLPやイメージワークの場合は比較的穏やかな展開になるが、体験する者としては非常にチャレンジングで大きなエネルギーを要するものである。

かつての被害者が加害者に転ずるメカニズムの一つがここに存在している。しかし、加害者の過去に虐待などの被害体験があると指摘すると、それに反発したくなる人々も存在する。それは加害行為をした人間の責任が薄まってしまうと感じるからである。それゆえ誤解を防ぐために述べておくが、過去に虐待などの被害体験があったとしても、暴力が許容されるわけではなく、暴力行為そのものに責任性が存在することは動かない。かつての被害者が加害者に転じない生き方はいくらでも可能であり、残念ながら加害者として生きることを自らが選択したからである。指摘しているのは、虐待などの被害体験が存在している場合、暴力を生む背景にそれが確実に関与しているという事実であり、それゆえ暴力克服にはトラウマケアが必要であるということである。

以上「行動変容：暴力行為をなくす」という柱に沿って《多層的介入モデル》に基づいた暴力克服のプロセスがどのように発展するかについて述べた。各段階はもちろん一回のセッションで完了するのではなく、様々な切り口による多数のセッションを必要とする。また、原則はレベル〈2〉「コミュニケーション」という、現実的・具体的なパートナーとの会話の検討から、次第に深い内面の段階へと進んでいくことになる（図16にある矢印の方向）。その前後のレベルについても、どのような変化が伴っているかに焦点をあてる。また、怒り・恐怖という感情レベル／自己認識／虐待・いじめ被害／といった内面の取り組みが、コミュニケーションや認知に影響を与えているかどうかもチェックし、内面と現実の変化が連動するように工夫する。このように、加害男性のあらゆるレベルの課題がトータルに解決するような指針をもつために、《多層的介入モデル》は非常に役立つものである。

【治療モデルB】 加害行為に対して責任をとる

ここでは加害男性のＤＶ克服に必要なもう一つの柱、「被害者に与えてきた苦痛に対して責任をとる」系列の取り組みについて述べる。加害を直視しながら、適切な価値観をもって加害者がいかに生きるかという探求は極めて重要である。加害男性は、従来の行為の重大性を軽視するために身につけた偽りの習慣から、相手への最大限の共感・尊重・誠意を復活しなければならない。すなわち、今まで自分が彼女を徹底して苦しめ、健康を損なわせ、恐怖・屈辱感・惨めさを与えてきた事実に対して、何をなさねばならないかを徹底して見つめることである。夫婦・恋人関係の存続を危うくするほどの行為をしてきた人間が、相手からの信頼を取り戻すには何が必要か、という問題意識から出発する。このような基盤に立って、「被害者から過去の暴力行為を叱責される痛みに対峙しながら、信頼回復のための基準に沿った自己変革を追求する」／「耐え切れずに相手を非難したり、信頼回復を断念する」／という二つの選択を常に迫られることになる。しかも、最終的に関係をやり直せるかどうかの主導権が被害側にあることも、大前提にしなければならない。ＤＶは犯罪であり、人間の許容限度を越えた苦痛を与えたのであるから、残念ながら加害側に選択権は消滅しているのである。

暴力は親密な関係を発展させるため必要な全てを破壊する。それゆえこれは極めて困難な道である。しかし男性にとって、一生自分を見つめずに相手を欺き、暴力を続ける生き方と、報われるかどうかの期待もキャンセルしながら責任を背負い、暴力のない生き方を探求しようとする生き方を比べれば、どちらが人間として成熟しているかは明らかであろう。過去の暴力とパートナーに与えた苦しみは決して消すことができないのであるから、後者の生き方であっても称賛される種類のものではない。しかし、後者のように潔く、前向きで、人間として望まれる生き方を、この社会の中で拡大しなければ、それは被害側にとってもやり切れないことであり、余りに悲しいことである。また、加害男性にとっても後ろめたさを払拭し、自分に誇りをもって生き抜く唯一の道なのである。

1）介入レベル〈3〉認知

①認知の修正の作業

「加害行為に対して責任をとる」ための〈介入レベル〉の取り組みは、「A：行動変容」のように順次深めていく形でないことが多いので、あえて数字の順番でなく説明していく。まず重要なのは「認知」のレベルである。加害男性は自分の痛みに触れるのを避ける方向で解釈をしがちで、このような被害者の立場を理解する際の抵抗を乗り越えるために、心理教育的アプローチを活用する。被害者の思いや苦痛を適切に知るためのレクチャーが中心を占めるが、重要なのは「何を伝えるか」よりも「いかに伝えるか」であり、男性にとって新しい認識を受け入れる準備をしてもらうための面接技術や、コミュニケーションに伴う催眠の要素であるNLPの活用など、多くの細密な配慮を張り巡らしたものである。この技術の具体例は別の機会に紹介する予定である。

【あるケース】

加害男性にありがちな錯覚を例に、パートナーとの関係の適切な理解とは何なのかを考えていきたい。ある男性は専門相談を受けようと決めた事情について、次のように語った。「自分はここ一年暴力を妻にふるっていなかったし、最近は妻とも随分うちとけて仲良くなってきた。先日久々に手が出てしまったが、関係も悪くなかったし、ひどい暴力でもなかったのに、妻はすぐ実家へ帰ってしまい、離婚したいと言ってきた。実家に電話しても親が取り次いでくれないし、子どもにも会わせてくれない。全く納得できない。自分も慣れない一人の生活で身の回りのことが大変なのに、彼女はこちらのことは何も考えていない。非常にショックで、何とかしなければという思いでカウンセリングを受ける気になった。」

このような際、DV被害者に何が起こっているかを十分知っていないと、カウンセラーは彼に同情し、夫婦の関係修復のために妻の理解も必要と考えがちになる。夫はカウンセラーが自分の味方をしてくれることを望むであろう。しかしこれは夫にとっても妻にとっても望ましい結果を生まない。なぜなら、夫がどれほど困ろうとも、DVが与えてきた苦痛の結果として、妻の行動に大きな必然性があるからである。もし、夫に対する理解を妻に求める方向でセッションを進めたとしたら、妻にとって負担の限界を越え、仮に双方が関係修復の可能性が残っている場合であったとしても、関係は破綻してしまう。

妻への不満は、彼から見ればその通りであり、夫は精神的に追い込まれている。しかし、彼にとってしんどいことであっても、この局面を打開するためには、妻の立場への心からの理解を欠かすことができない。そして妻の行動が現在は不可解であっても、夫自身も変えていきたいという気持ちを確認できた時、カウンセラーは夫が理解すべき次のような事項を提示することになる。

●妻とは仲良くなったのではなく、彼女は気持ちをおし殺し、おびえながら接していたこと。

●仮に1年暴力がなくても、いつ再び暴力になるか分からないので、ずっと脅えとともに過大な配慮を保ちながら妻は暮らさなければならない。それゆえ彼から直接の暴力がなくても、妻にとっては暴力が続いていると同等の時間となっていること。

●妻が経験している恐怖、嫌悪感は、夫の暴力の結果であること。

●トラウマとなっている経験は、時間がたってもそのまま生々しく残り続けること。

●理由に関係なく、暴力は受ける側として耐え難いものであること。妻が電話にも出ず、子どもにも合わせないのは、夫に対しての恐怖心や、暴力の積み重ねによる嫌悪感が強いからであること。

●以上のことは、彼女の問題ではなく、夫自身の暴力の結果によって引き起こされたものであるから、夫からは彼女にその責任性を問えない性質のものであること。

●現在の夫のつらさはまぎれもない事実であるが、妻を自分の意向に合わせることによってそのつらさを解消する性質のものではなく、自分の内側の問題性を見つめ、DVを克服する姿勢によって乗り越えていく性質のものであること。

夫は「妻が電話にも出ず、子どもにも合わせないことは全く納得できないし、こちらのことは何も考えていない！」という思いをもっていても、本当に妻との関係をやり直したいのであれば、これまでの暴力の積み重ねの破壊的な力と、妻から暴力問題の解決努力を求められても本気でなかったことの重大さを考えなければならない。DVがいかに不当で「納得できない」ことであり、そのことに今まで夫は真剣でなかったことが、ここにきて妻の拒絶的な態度として現れているのである。

また「長期に暴力がなかったのに、妻の脅えが消えないのはおかしい」とする考えは適切ではない。DV克服を目指す以前、夫の暴力は妻を無力化し、コントロールするのに極めて効果的な手段であった。暴力によって生まれる夫への恐怖は、妻の過度な配慮を持続的に引き出し、夫が優位にふるまえる保証として役立ってきたのである。人間というものは、いったん恐怖が根づいてしまうと、それを解除するのは容易ではない。一般に暴力行為による直接的ダメージは比較的分かりやすいが、そのダメージが持続することによる苦しみは見過ごされがちである。しかし、この暴力のない期間の苦しみは肌にへばりつくような、ふり払おうとしても取れない、名状し難い苦しみなのであり、これこそ被害者側にとって、夫にきちんと理解してほしいことなのである。DV離脱の試みを始めた場合でも、夫の暴力がないことが妻には必ずしも精神的に楽なことではなく、かえっていつ暴力があるか分からない恐怖が強くなることさえある。これらを心から理解することによって、ようやく関係修復の出発点に立つことができる。そして、彼女のやりきれない気持ち・憤りをどう受けとめ、それに対して加害側としての誠意ある言動とは何かについて、カウンセラーとともに探求していく。

②新たな生き方の基本認識

妻の感じ方、物事の見方は、DVを続けてきた夫にとって、決定的に対立するはずである。夫は自分もつらく、傷ついているという実感があるので、妻の感じ方を認めるのは屈服させられるように感じてしまう。しかしDVという生き方から脱却するためにまず必要なのは、暴力の悪影響の直視を避けたい人間としての弱さを率直に認めることである。さらに誠実さ・公正さという、信頼回復のために不可欠な目標を、自分の中に具現化しようとすることである。これは、自分が相手に与えた痛みを感じとる力、そして決定的に傷つけた相手に対して誠実であり続ける際の困難に挑もうとする力――そのような本来人間が有しているはずの資質を顕在化する試みなのである。

左の図を見ていただきたい。加害男性である夫は、とかく妻が自分に不快な何かをすること（パートナーから加害男性への矢印）が暴力の原因と認識している。しかし、その妻の言動が夫自身の言動や暴力によって生み出されたものだという可能性を全く排除している。これは、加害男性にとって、パートナーとの関係が（矢印が相互に行き交うような）相互的な人間関係であることを、体験的に理解していないことを

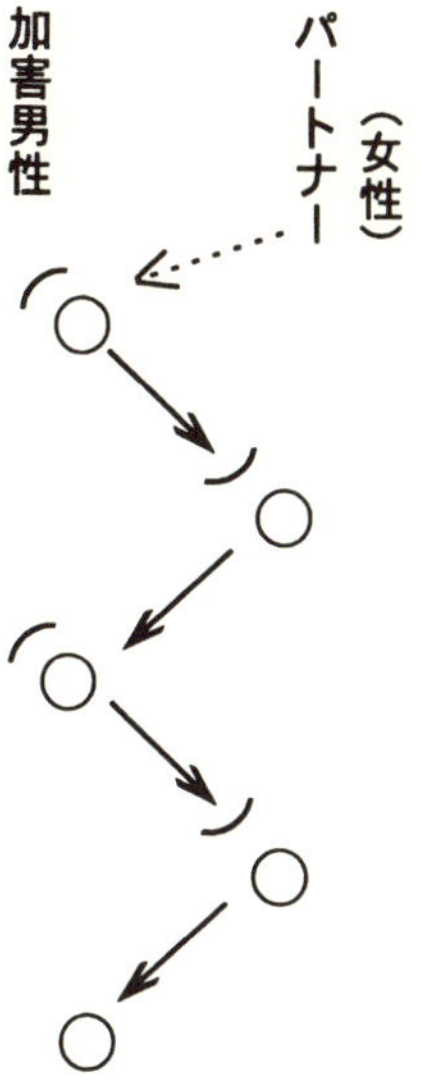

図 19

意味する。加害男性にとって、自分がパートナーの言動に影響を与えるという側面（括弧に入っている矢印の方向）が視野に入っておらず、パートナーが自分にどのような影響を及ぼすかという一方的なものである。男性のDVの克服プロセスには、パートナーとの関係が相互的な人間関係であることを理解することが含まれる。DVが始まった時点で、夫婦や恋人関係の本来的なパートナーシップは破壊されたのであり、その破壊の担い手が他ならぬ自分自身であったことを認めなければならない。これを認めるのは本当に恐ろしいことであり、それゆえにほとんどの男性はごまかし、相手に責任を向ける。このように、加害男性がパートナーから受けた不利益・苦痛の由来は、自分の行いに由来すること（図19で括弧に入っている部分）を心から理解し、自分の苦境と併せた全体像をもとに、自分の振る舞いを公正に考えていくことを、加害者臨床では支援するのである。

③加害男性の暴力克服支援と被害者支援との関係

先程挙げた例で分かるように、加害男性の臨床に携わるカウンセラーは被害女性の痛みを十分すぎるほどに理解している必要がある。加害者担当の臨床家は被害者支援の経験をすでに十分蓄積しているか、同時に被害者支援に携わることが不可欠であると、繰り返しになるが強調しておきたい。

加害男性の発言内容を聞くと即座に、被害女性から見た世界がリアルに想像できることが必要で、そのことをこの介入レベルの取り組みの中で適切に活用していかなければならない。臨床家は目の前にいる加害者の背後に、被害者の姿を常に見るような形で出会っている。DV加害男性の克服は、被害女性の回復を侵害しない形で行われる必要がある。相談や臨床は、基本的に出会っている人の物の見方、体験を尊重するところから始まる。被害女性支援に携わる臨床家もそれは共通しており、要するに、先程述べたような「加害者の背後に、被害者の姿を常に見る」というタイプの支援は、臨床家がかつて経験してこなかったのである。被害者と加害者は明らかに利害が対立関係にある。しかし被害者のケアと加害者治療は対立関係にあると思われがちだが、必ずしもそうではないのである。しかしながら、通常のカウンセリング・心理療法の方針では、被害者支援の方が危惧する事態が十分起こりうる。それゆえ、筆者の提唱するような暴力加害に特化した心理療法の方法論でなければ、多くの弊害が生じるであろう。

2）介入レベル〈2〉コミュニケーション・スキル

①力の逆転現象の理解

さて、ここでは何度かふれてきた「被害―加害の〈力の逆転現象〉」について、詳しく検討したい。脱DVを志した時点まで、加害男性はパートナーに多大な苦しみ・屈辱感・恐怖感を体験させてきたはずである。仮に、本当に男性が心から意を決してプログラムを受け、暴力行為が消失したとしよう。確かに被害側はそれを心待ちにしてきたであろうが、単にそれだけで心が安んじるというわけにはいかない。〈力の逆転現象〉には次のような三つの背景があると考えられる。第一に、何度も暴力をやめてほしいと願ったにもかかわらず、その度に諦めさせられてきたため、彼の暴力がなくなったと信じる気持ちにはとてもなれない。彼への不信感が拭えないのである。第二に、男性が万一「今日から何も問題がなくなりました」となったとしても、自尊心や尊厳を奪われてきた側にとって、許しがたい思いや溜め込んだ憤りは厳然と存在し、そのもっていき場もなく、納得できるものではない。第三に、脱DVの取り組みを開始したことにより、パートナーを抑圧してきた力がなくなり、それまで押し込めてきたドロドロとした感情が湧き出てくる。これらの要因が重なって、今までのダメージが深刻であるほど、被害女性は過去の加害行為を責め、相手の暴力克服の姿勢が本物かどうかの不安がつのり、それを試したくなるのである。

【典型的ケース】

それでは別居中の夫が妻と時折会う状況で頻繁に生ずる出来事を考えてみたい。夫は専門相談やワークショップを受けていて、手ごたえを感じ始めており、できれば早く自分を信頼してもらって、同居を実現したいと思っている。しかし彼が改善されつつあること自体、妻にとっては容易に信じがたい。いつ暴力が復活するか分からないので心配は消えず、彼の希望に沿うわけにもいかないし、別居生活が長びけば今後が不安になってくる。

そして妻は「あなたはもう暴力はしないと言っているけれど、暴力がなくなったということをどうやって証明できるのか」と問い詰める。夫は自分なりに努力していることを認めてほしい気持ちがあるので、妻の言葉に不満を感じ、態度や言葉に出そうものなら、妻は「このくらいのことで不満だなんて、私が耐えてきたのに比べれば全然大したことじゃない！　私がどれだけ辛い気持ちでいたかを分かっていないから、そんな態度になる。あなたは暴力の問題を解決してきているなどと言えたもんじゃない」と非難する。夫は、もう暴力はしないと宣言している手前、強くも言えず、相手を納得させるような反論もできないので我慢する。あるいは何とか説得しようと「本当に自分は変わってきているし、もう前のように暴力はしないから、安心してほしい」と言おうものなら、妻はますます不信感に陥り「そんなこと言うから信用できない」と非難する。夫の口調が少しでも荒くなると、妻にとってそれは暴力の兆候であり、夫が黙っていても、妻は「何を考えているのか。私の言っていることにちゃんと答えて！」と問い詰め、夫が前向きな答え方をしても、妻としては「信用できない」、結局どのような対応をしても妻からは拒否されてしまう。このままのやりとりが続くと、いつか夫は忍耐の限界がきて、妻を非難したり暴力に至る危険が高くなる。そうなると妻にとって「自分の心配は当たった」ことになり、「やっぱり夫の暴力なんて直らないんだ」と結論づけることになる。

＊

この状況だけを切り取って判断すると、あたかも妻が夫を刺激して暴力を引き出しているように見える。DVのメカニズムや被害女性の立場・思いを十分理解していないカウンセラーがこの話を夫から聞いた場合、「夫の暴力克服のためには妻の協力も必要だ」と判断したり、「このような妻だから夫のDVが起こる」と考えてしまう。しかしこれは誤った判断であり、妻のもつ不信感、夫への非難は、DVによるぬぐえないダメージに由来することを忘れてはならない。現在、結果として現れている出来事を直ちに原因と解釈するのは、大変な論理的誤りである。「問題状況に関係するように見える現実は〈原因／結果〉両方の可能性がある」という枠組みをもって物事を認識する必要がある。

先の例のように、夫の態度や言動が以前と少しでも共通していると、些細な出来事によって、妻は過去の屈辱的でやりきれない思いが蘇ることがある。これはPTSDである可能性も十分あるのだが、このような状態になると妻は心の決着がつかず、夫の過去の行為を叱責する。これは、加害男性のDV克服が「行動変容」という暴力行為の消失だけで済む問題ではなく、「加害行為に責任をとる」という側面が非常に重要であることを示している。加害男性にとって、もう過去のことを持ち出されたくないし、これから自分は変わるのだから、それで十分ではないかという意識が強いものである。しかし、妻からの責任追及に正面から向き合うことに失敗すると、耐え切れずに暴力が再燃する可能性がある。パートナーと同居の場合や別居中で接触がある場合、「行動変容」の取り組みだけを実施していると、DVが再発しやすい。DV自体が犯罪であるのだから、「犯罪被害者と犯罪加害者が一つ屋根の下に住んでいる状況」、あるいは「犯罪被害者と犯罪加害者がしばしば接触する関係にある状況」に近いと考える必要がある。これが男性の暴力が止まりにくい要因のうち、これまで明確にされてこなかった部分である。

このような状況では、夫は次のようにカウンセラーに言いがちになる。「自分が暴力を二度としないということを、カウンセラーから妻に説得してもらえないだろうか」「どうしたら暴力がないことを証明できるでしょうか」。しかし、一見当然と思えるこのような発想には大きな落とし穴が待ち受けている。実は「自分が暴力を二度としない」と思っていること自体が、ＤＶを克服するプロセスのまだ初期段階にいることを物語っている。暴力が生み出される内面のメカニズムを理解し、深く取り組みを進めた加害男性ほど、簡単には「自分が暴力を二度としない」と言えないことを分かっており、慎重になるものである。さらに、夫に対する信頼をいったん失くした妻としては、説得される理由を持ち出されるほど、今まで約束を反故《ほご》にされたり、無視されたことによる憤りが蘇り、不信感を向けるものだということも理解しなければならない。

そもそも「何かをする」という命題は、それに相当する行動を起こせば証明することが可能であるが、「何かをしない」という命題を証明することは、論理的に不可能である。例えば「一年間暴力をふるわない」という限定があれば証明することは可能であるが、「ずっと暴力をふるわない」ということは論理的に証明できない。妻はもともと証明不可能なことを夫に要求しているのであるが、これは、少なくともその時点では覆すことができないほどの不信感をもっていることを意味しているのである。残念ながら、変わるべきなのは妻の言動ではない。夫が拭えないほどの苦しみを与えつづけた結果としての現実に目をそらさず対峙できる姿勢とは、自分を変えることなのである。

時に容赦ない責任追及に対して、夫が自らの限界まで誠意を探求する姿勢が重要なのであって、偽りを徹底して排した結果の自己表現でなければ、かえって妻を失望させるだけに終わる。このレベルは単なる会話の練習ではない。この本をヒントに「妻から責められてたまらないから、このように伝えれば効果があるはずだ」と解釈し、言葉にしてみても実際には何の効果もない。これは、カウンセラーとの共同作業により、妥協なく見いだしていく性質のものであり、そうでなければ自分の真の姿から目をそらして、自己防衛の姿勢に陥ってしまう。それゆえ具体的な展開例は示さず、必要な取り組みの柱について2点を紹介する。

①『そこまで夫（恋人）を責めたくなる衝動を感じざるをえないパートナーの状態を理解し、そのような彼女を認めること。』

まず心理教育的アプローチを通じて、パートナーがもつ不信感がすぐには消える性質のものではないこと、暴力がなくなったとしても恨みつらみを向ける理由、等について適切に理解する。事態を適切に理解することは、しんどさが全面的に解消するわけでないが、不満で納得できない気持ちを整理することができる。そのような理解をもとに、自分の行為の過ちをこのような形で明確に認め、相手の憤りを受けとめるロールプレイを実施する。

しかしこれは決して会話の練習ではなく、言葉に本心がこもっていなければならず、もしごまかしがあれば、たちどころにパートナーはそれを見破ってしまうであろう。上手に伝えることが肝要なのではなく、不器用であっても当人らしい誠実さを見いだすことが何よりも重要である。これは彼女の責任追及を回避する手段ではない。逃げ出したい弱さも見つめながら、自分の中の誠意とは何かを限界まで見つめる作業なのである。そして実際にパートナーに伝えた後のセッションでは、どのようなことが自分の内側と二人の間に起こったかを検討し、次の取り組みに発展していく。現実にこの言葉を伝えることは、彼女に対してのチャレンジでなく、自分の誠実さに対するチャレンジである。

②『言い訳や正当化をせず、赦しをパートナーに求めない。』

夫は責められると辛いので、言い訳をしたくなったり、相手から赦しを引き出して楽になりたい気持ちになる。信頼を失った相手からの言い訳や正当化の言動はパートナーを確実に失望させ、一層苦しめる。赦しというものが「存在するとすれば」、時が熟して自然に生まれるものである。要求されて可能なものではない。パートナーから責められる辛さの背後には、自分を支えるものがなくなってしまう恐怖があり、それによって言い訳・正当化・赦しの強要が起こる。非常にしんどいところであるが、このような自己防衛から脱却して、自分の内面に目を向け、レベル〈4－2〉「恐怖」の取り組みを重ねることによって、内的に自分を支える力を高め、自分の核心が脅かされずに済む状態になることが必要である。また、自助グループに参加することによって、自分を内省し、責任の重さから目をそらさずに踏みとどまる体験を共有していくことも重要である。

暴力とは、それを受けた側にとって理不尽以外の何物でもないので、DVによって破壊された信頼を再構築するのは、容易なことではないと痛感する。彼の姿勢が受け入れられるかどうかは、パートナー側の選択である。夫が暴力克服プログラムを受けると同時に、できれば被害側も、DVの後遺症からの回復のためにカウンセリングを受けることが望ましい。しかし、長年のDVによる被害女性の側の苦しみが余りに強い場合、カウンセリングを受ける気持ちには到底ならないという場合や、子どもが小さいために現実的にカウンセリングを受けるのが困難な場合も多く、これも被害女性の選択が尊重されなければならない。しかし極めて厳しい道ではあるが、パートナー側の力に救われて、しだいに彼の姿勢が認められ、信頼を取り戻していくケースが存在することも事実である。一方、完全に失った信頼を取り戻すのは不可能なことを受容するケースも存在する。そのような状況で「暴力克服の努力が認められない辛さを経験するよりは、最初から暴力のない家庭生活を作ることの大切さが身にしみた」、という内容をしみじみと語る男性もいる。妻との関係修復ができずに離婚しても、苦しめた相手から逃げずに正面から受けとめる姿勢を作ることは、その後の人生でＤＶを繰り返さないために、貴重な蓄積となるのである。

3）介入レベル〈4－No.2〉恐怖

コントロール不能な怒りの背景に恐怖の感情が存在することは、すでに述べた。そして恐怖の感情へのアプローチの方針は、安全感をもとに恐怖を受容することであることも触れた。「Ｂ：加害行為に対して責任をとる」という系列の取り組みにおいても、それは変わらない。整理すると、加害男性の恐怖の感情は次の四つに集約できる。

①自己の無価値感・無力感に触れる恐怖
②内面の感情に触れる恐怖
③過去の加害行為の責任を直視する恐怖
④ジェンダーによる自己補強を否定される恐怖

①、②はすでに述べた。④の「ジェンダーによる自己補強を否定される恐怖」についても、それほど理解困難ではないだろう。加害者はDVを貫く生き方によって相手の自由を奪ったり、恐怖によって相手をコントロールするという絶対的優位を築くジェンダー（男らしさの観念）によって、自己の内面の空洞化を補強してきた。DVからの離脱は、そのような補強手段の断念を決意しなければならないので、これはたいへん恐ろしいことなのである。

これまで介入レベル〈2〉、〈3〉の説明で具体的に紹介したが、介入レベル〈4-2〉で取り扱うのは③で、「過去の加害行為の責任を直視する際の恐怖」の問題を実際に、どのように取り扱うかについて述べる。これは、相手に与えてきた取り返しがつかないほどの苦痛を全面的に認めてしまったら、今までの自分の人生の価値が崩壊してしまうほどの恐怖であり、あらゆる領域の加害者が共通してもつ恐怖である。DV、いじめ、セクシュアル・ハラスメント、医療過誤、性暴力など、全ての加害行為の根底にある恐怖である。自分の過ちを認めてしまうと、どうしようもなく惨めな人間に成り下がってしまい、途方に暮れてしまう。この恐怖は加害者が頑なに被害者の言い分を拒み、徹底した自己防衛を構築していく推進力となる。このことは被害者にとって耐え難いことである。同時に加害男性にとっても、自己否定や深い悲しみに動かされているのに気づかず、自己弁護と取り繕いの人生を貫くことであり、本質的に何も得るところはない。プライドのために自らの間違いを認めないよりは、間違いを認めて、新しい生き方を創造することの方が、長い人生の中では深く納得できるはずなのである。

しかしこれは、とびきり辛い作業である。しかも社会全体が暴力を容認する価値観に染まっており、加害者の自己防衛を応援して、自らの冷酷さに気づく感受性を麻痺させている。それゆえ、個人の努力の範囲内ではDV克服は極めて困難であり、そのための専門的支援が必要である。介入レベル〈2〉、〈3〉はパートナーに向けての言動という現実的な取り組みである。しかしそのようなコミュニケーションを十分実現するためには、無意識の自己防衛へと動くメカニズムを見据えて、恐怖と同居しつつもそれを支える内面の安定化が不可欠である。このように、過去の過ちの責任を問われることによって、全面的に自己の存在が脅かされずに済むためには、コミュニケーションのレベルの背後に恐怖を受容した「揺るぎなさ」を体験する取り組みは欠かせない。介入レベル〈4-2〉「恐怖」はこのような作業に相当する。

【恐怖の受容と安定化のためのワーク（イメージワークが中心）】

まず、妻が何かのきっかけで過去の暴言・暴力の出来事が浮かび、夫を許しがたい気持ちが湧いて叱責し続けた時の彼女の言葉を思い出してもらう。そして妻の「あんたの暴力なんて、やっぱり直るもんじゃない！」という言葉を選んだ。Coは、夫に妻役として妻の口調で、椅子の上に乗って糾弾するようにこの言葉を言ってもらう。

妻役の夫「あんたの暴力なんて、やっぱり直るもんじゃない！」

Co「（夫に）それでは自分に戻って下さい。まず何を感じますか」

夫「怯えてしまって、身動きできない感じ」

Co「なるほど。それでは、彼女の言葉が自分に投げつけられた時に、そのような感覚を自分にとってイメージで表すとしたら、例えば、頭から鞭で叩かれたようだとか、何かが突き刺さったようだとか、あなたにとってどんなたとえでイメージできるでしょうか？」

夫「矢が胸に突き刺さってくるイメージです」

Co「なるほど。それでは目を閉じて、その矢をよく観察して下さい。その矢は、長さ・形などはどのようですか」

夫「銛《もり》のような矢がつきささっていて、血を抜かれているようだ」

Co「そうですか。そうなると、とても痛いですよね。（夫はYes）そこから血を抜かれていて、とても恐ろしい」

夫「そうです。このままだと出血多量で生気をなくしてしまう」

Co「そうなっては困りますね。（夫はYes）そうならないために、まず何をしますか」

夫「まず血が流出しないように膜を作る」

Co「それでは、血が流出しないように、膜を、時間をかけて（イメージで）作って下さい」

夫「（しばらく時間をとる）……できました」

Co「それでは当面の安全は確保できました。（夫はYes）しかし○○さんはこれだけでは済まないと思っているはずです。このように妻から責められるつらさはありながら、何とか信頼を取り戻す努力を

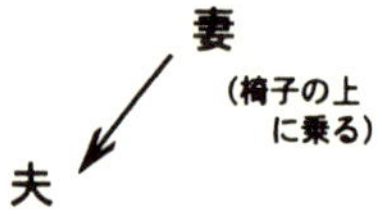

図　20

貫きたい、そのようなお気持ちがあります。（夫はYes）しかし出血多量で生気をなくしてしまうと何もできなくなります。彼女の突き刺さる言葉を受けとめるだけの、こちらの揺るがない何かを作っていく必要があると思いますが、いかがですか。（夫はYes）それでは銛が刺さっている怖さが広がっている様子をイメージで見て下さい」

夫「黒っぽい灰色の雲が、お腹から胸・頭まで広がっている」

Co「それでは、その雲の中に入り込んで下さい。今、まわりはどうなっていますか」

雲としての夫「雲がうごめいていて、とても冷たい」

Co「そうですね、そして雲であるあなたは、先程の奥さんの言葉が銛となって刺さった時に生まれてきますね。（夫はYes）あなたは○○さんの中に存在しているのですが、あなたが生まれてくると、彼にどのような影響を与えますか」

雲としての夫「怖くて、機能停止にさせてしまう」

Co「雲であるあなたは、彼を機能停止にさせたいのでしょうか」

雲としての夫「いや、そうではないが、どうしてもそうなってしまう」

Co「雲であるあなたとしては、彼にどうなることを望んでいるのでしょう」

雲としての夫「雲が全体に広がって凍りついてしまうのではなくて、雲がそれなりに広がっても、自由に機能できるようになってほしい」
Co「なるほど。それでは、自由に機能できるようになるために必要なものが、この人間の中にすでにわずかながらあるかもしれないのですが、それは感じますか」
雲としての夫「ええ。最近、とても少しだけれども、恐怖があっても落ち着いているものが生まれ始めていて、それが後ろのほうにあります」
Co「それでは、あなたの後ろのほうにあって、最近生まれ始めている落ち着いている存在を感じてみて下さい。どのように見えますか」
雲としての夫「後ろに広がっている絨毯のようなものです」
Co「それでは、その後ろに広がっている絨毯のようなものに入って下さい。（夫はYes）そして今、あなたは絨毯のようなものの中にいて、あなたの前に雲のような存在の恐怖がうごめいています。そして今、何を感じていますか」
絨毯としての夫「まだ薄くて力不足だが、恐怖を包みこんでも大丈夫という感じがする」
Co「あなたはどのような役割を果たしているのですか」
絨毯としての夫「恐怖があっても、包みこんで安心であることを伝えていく役割です」

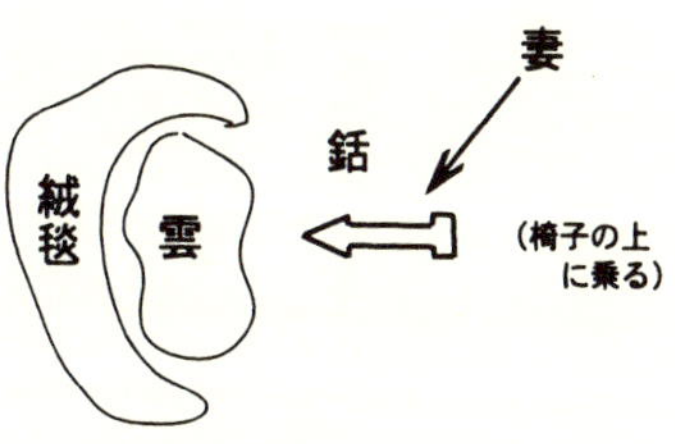

図 21

Co「なるほど。そしてあなたから見て、銛が刺さっているあたりはどのように見えますか」
絨毯としての夫「銛のまわりに痛みがあって、それはある程度感じていなければいけないと思うが、それが恐怖の雲に変わって、大きく広がっていくのはそこまででなくてもいい、と思う。今は自分の力が足らないので、雲が広がっているが、安心して包みこんでいく力が強くなっていくと、恐怖がそれほど広がらなくて済むように思う」
Co「なるほど。痛みはある程度必要で、それを残しながら、恐怖の雲を包んで広がりを少なくする役割があなたにはあるのですね。（夫はYes）それでは、絨毯のようなあなたは、どのようになったら、包みこんで安心であることを伝える力が高まるのでしょうか」
絨毯としての夫「絨毯のようなある程度の固さの部分を残しながら、布団のように厚くなっていく。そして暖かさを伝えていく」
Co「それでは、これからそのように厚くなって、暖かさを伝えていく作業を行ってもよろしいですか。（夫はYes）それでは、その作業を始めて下さい。そして一区切りしたら、私に伝えて下さい」（しばらく時間をおく）
絨毯としての夫「終わりました」
Co「今、何が起こっていますか」
絨毯としての夫「絨毯のような部分が広がって少し厚くなって、布団のような暖かい部分ができてきた。でもまだ厚さが十分でないが、今はこれくらいです」

Co「なるほど。そして今、どのような気分でしょうか」
絨毯としての夫「先程より、安心を雲のほうに送り出している感じがする。雲はさっきの半分近くの大きさになっている」
Co「はい。それでは、恐怖の雲の中に入って下さい。……そして今、何を感じますか」
雲としての夫「雲のうごめきがいくらかゆるくなって、冷たさも少し減っている。後ろの存在感をさっきより感じる」
Co「そうですね。そして後ろの存在感があると、雲としてはいかがですか」
雲としての夫「恐怖はまだなくなるわけではないが、全面的に機能停止にさせるのではなくて、部分的な機能停止ぐらいで済みそうだ」
Co「なるほど。そしてまた後ろの絨毯というか布団のようなところに戻っていただいて、銛が刺さっているあたりはどのように見えますか」
絨毯としての夫「銛は細くなって矢のようになっている。血が少し出て固まっていて、痛みはあるが、さっきの銛だった時のように血を吸われなくても済んでいる。彼女は彼女として怒るだけの十分な理由があって怒っているんだなというふうに見える」
Co「そうですね。それではこの大切な作業をそろそろ終えて、次第にこの部屋に戻ってくる準備をします。そしてゆっくりと、自分のペースで戻ってきます。そしてこの部屋に戻ってきたらゆっくりと目を開けます」（実際にはこの後で詳細に感想を聞く。）

以上はNLPを併用したイメージ療法によるワークである。もちろんこのセッション記録は一例にすぎず、個々の加害者の状態によって千変万化する。イメージワークの技量が一定以上伴わないと不可能である。このワークのプロセスについて簡単に解説すると、妻の「あんたの暴力なんて、やっぱり直るもんじゃない！」という言葉は、まるで銛のような武器となって突き刺さり、血を吸い取るほどの恐ろしいものである。そしてそのような責任の糾弾によって、冷たい黒雲として恐怖が広がっていく。恐怖の感情は本人に機能停止状態を起こさせるほど厄介な代物である。しかし、恐怖の雲は機能停止になることを必ずしも望んでおらず、痛みを伴いそれなりに広がっても、自由に機能できるようになってほしいようである。ここですでに本来は危険なものではない恐怖の性質を感じ取っている。

しかし重要なのはここから後の展開である。恐怖があっても、それを背後から支える絨毯のような存在が最近生まれてきたという。Coは、夫が恐怖を受け入れ、安心する力を通して、恐怖を体験し直すように進めていく。絨毯と布団を厚く広くして、その暖かさと包みこむ働きを強化していく。すると、現在は絨毯と布団の力不足という限界があるけれども、恐怖の雲は半分ほどに縮まり、冷たさもうごめきも少なくなった。さらに、当初は痛みが恐怖へと次々に変えられていったものが、痛みは感じる必要なものとして残しながら、痛みが恐怖へ転化しなくても済むようになっている。恐怖を受容していった結果、痛みと恐怖がそれぞれ独立して存在する傾向をもち始めた。そして銛は細い矢に変化し、血を吸わなくてもよくなり、恐怖を与える度合いが低くなっていることがわかる。さらに「彼

*

女は彼女として、怒るだけの十分な理由があって怒っているんだな、というふうに見える」という夫の発言のように、彼女の言葉に正当性をもって受け取ることを体験している。

このようなワークは、もちろん一回で完結するものではなく、繰り返しさまざまな角度から取り組んでいかねばならない。パートナーからの責任追及の衝撃・恐怖感を感じなくしたり、自己弁護するのではなく、それを受け止めるだけの安定の体験を創造する内的作業が、このような形で可能なことを紹介した。「加害行為に対して責任をとる」という側面の「恐怖」のレベルの取り組みの目標で重要なのは、内側から支えられた責任性の受容である。それは恐怖をなくしてしまうことではない。責任の重大さと恐怖を分離することによって、責任に圧し潰されてしまうのではなく、パートナーに正面から向き合えるだけの誠実性の精神的基盤を獲得することである。そのことによって、自己正当化や責任転嫁などの自己防衛に固執する力を軽減することができる。

4）介入レベル〈5〉自己認識

前項で紹介した〈4－2〉「恐怖」の取り組みのイメージワークでは、すでに自己認識のレベルの変化にも踏み込んでいる。ワークにおいて、恐怖を受容するとともに安全感を与える存在（絨毯と布団）を拡げているが、これが肯定的自己認識の促進にもつながる。「加害行為に対して責任をとる」ということでの「自己認識」の目標は、間違いを間違いと認め、なすべき何かをなしつつあるという誇りを獲得することである。自分が間違っていることを認めてしまうと、とかく「自分は駄目な人間だ」という自己否定に陥るように感じる。むしろ本来の責務を果たしている誇りを実感するよう方向づけることが重要である。そして次章に述べる「加害者としていかに十全に生きるか」という価値観を基盤としたものになる。

以上、「多層的介入モデル」に基づいた段階的ＤＶ克服について述べた。従来の心理臨床の立場から加害男性に心理療法を行う枠組みでは、人権侵害行為であるという側面が抜け落ちてしまいがちである。怒りのマネージメントや夫婦のコミュニケーション不全の問題として対処していると、間違った方針での問題解決となりやすい。従来、ＤＶ問題で言及されてきた、社会に蔓延する女性差別の価値観を修正する試みがなければ、加害者プログラムは肝心な部分をそぎ落としたものになるだろう。ＤＶ加害の克服のためには、この側面からのアプローチだけで十分なわけでは決してない。加害行為を促進する全ての精神活動の変化を実現しなければ、この問題は終わりを迎えないと痛感する。それほど、加害の側から暴力を乗り越えようとする活動は厄介なのである。

第5章

もってほしい世界観の枠組み

加害者としていかに十全に生きるか（加害者としての自己実現）

前章まで治療モデルを基盤にした体系的暴力克服の実践を述べてきたが、それを集約すると、加害行為を正面から認め、「加害者としていかに生きるべきか」という世界観を構築することが極めて重要になることを理解していただけるだろう。それゆえ《加害者臨床》は単に加害者を対象とした治療アプローチではない。「加害者としての自己実現」とは、加害者が自らの行為の取り返しのつかなさに圧し潰されることなく、パートナーに与えた苦しみを隅々まで理解し、彼女からの責任追及にもひるまずに誠意をもち続ける生き方である。それは同時に、被害者にとっても浮かばれる生き方、納得できる生き方であって、人生を共にするか否かに関係なく成立するものである。筆者はそのような生き方の五つの柱を設定した。アサーティブ・トレーニング（自己主張訓練、または自己表現トレーニング）には「アサーティブネスの四つの柱」という考え方がある。この五つの柱はこれを筆者が改変したものである。以下、それぞれについて解説していく。

①誠実さ

以前にも述べたように、パートナーに酷い仕打ちをしてきたことを認めるのは、加害者は、自分の人生が否定されるほどの恐怖を伴うため、暴力を否認し正当化する。しかし本来、加害行為をしたという現実を認めることは、人間として当然な行為のはずである。認めないことは欺きと偽りの姿勢である。それは第一に自分に対して不誠実であり、第二にパートナーに対しても不誠実である。自分に対して誠実な姿勢でなければ、パートナーに対しても誠実であることはできない。自分にとって痛みを覚えることであっても、事実をそのまま見つめる姿勢、自分に求められていることの本質を誤たずに追求しようという姿勢が必要である。そして、あらゆるごまかし・無視・責任転嫁といった自己防衛を乗り越えることを志向する。恐怖や苦痛を避けるために、巧みな自己防衛を選択するよりも、その先にある心の通いあい・尊重・信頼といった価値を選択する姿勢である。こうした場合、通常は加害男性がいかに生きるべきかという規範を提示し、それに本人が合わせるという発想になる。しかしここでは、外側から与えられた規範に合わせるのではなく、心理臨床的支援による自己探求を通じて、内面をギリギリ見つめ切ることによってなされる「前向きさ」である。それは、自己の矛盾・限界を徹底して探求することによって生まれ出る内的基準である。

②率直さ

パートナーに対して不満を言うことは、必ずしも「率直さ」ではない。加害男性の場合、「自分が追い込まれて苦しい」「自分の思い通りにならないと惨めだ」など、内的に不全な状態を、不満という別な形で表現する。また、好ましい関係を作れない自分への苛立ちもあるかもしれない。そのような隠れている言い分や気持ちについても、トータルに自分の体験をキャッチでき、表現していくことが率直さである。相手への悪感情がある場合、必ず本人の中で起こっているのは体験の偏った把握である。それでは「率直さ」は決して出てこない。「率直さ」の側面で特に重要なのは、暴力を乗り越える重要性を理解していても、人間というものは「自分が問われる立場にさらされたくない」「痛みに向き合いたくない」という弱さをもちあわせているのだと考える。自分の問題を直視しない言い訳でなく、そのような思いを表現し、「パートナーを尊重すること」と「自分を尊重すること」が両立する生き方を実現していくことが、率直さである。

米国の精神科医のスコット・ペックは、『平気でうそをつく人たち』（草思社、一九九六年）で、邪悪な人々の心理的機制について次のように述べる。「彼らに耐えることのできない特殊な苦痛はただひとつ、自分自身の良心の苦痛、自分自身の罪の深さや不完全性を認識することの苦痛である。」すなわち、自分の中の不誠実・偽りを乗り越えるためには、このような罪の深さや不完全性を認識する際に伴う苦痛を受けとめる力が必要であることがわかる。ある加害男性は「今まで、自分の思い通りにやってきて、相手のことなど配慮するのは面倒で、何とかごまかして、いくらでもやれてきたが、いいかげん自分の未熟なやり方に飽きてきた。もっと成熟した自分を目指したい」といった内容を語った。ここでは、従来通りにごまかして怠惰でいたい自分と、それに嫌悪する自分がおり、両者の葛藤から抜け出て、成熟した自分であることの方が納得できるという感覚が生まれている。そして信頼を失った側にとって、関係の再構築に何よりも必要なのは誠実と率直さ以外にはないことを既に知っているのである。

③非対等性

夫婦・恋人は本来対等な関係である。しかし、暴力は相手の尊厳を破壊する力の行使であり、相手を弱い立場に置くことしか認めない〈支配―被支配〉の関係に押し込める。すなわち、暴力行使の時点で、夫婦・恋人関係の本来の対等性は破壊されたと言える。加害男性はしばしば「夫婦というのはお互いに迷惑をかけ合ったりするし、互いに我慢や許し合うことも必要だと思う。自分も随分忍耐をしてきた。手を出すことは必ずしもいいこととは言えないが、そのようにさせた彼女にも責任がある」と語る。一般的発言ならば、これは確かに間違いではない。しかし、先の発言が暴力の際にも適用されるのならば、この関係を逆にして、妻の次のような主張も認めなければならなくなる。

「夫が私の言うことをきかないから、何発か平手打ちをしたまでで、そこまで私を怒らせた彼にも大いに

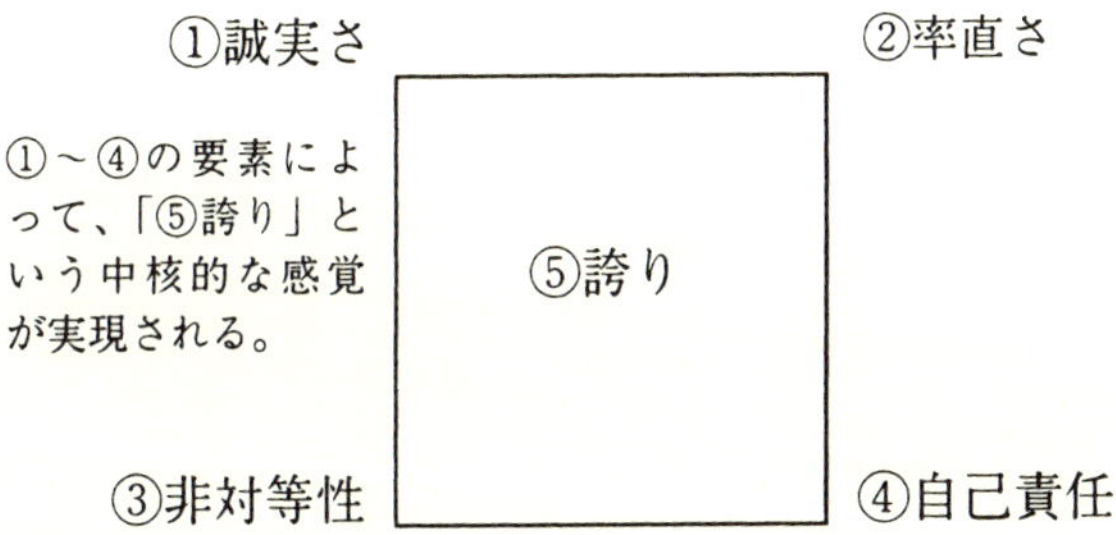

図22　加害を認めて自己実現するための四角形

責任がある。男のほうが身体が頑丈にできているのだから、一発や二発手を出したとしてもどうってことないでしょう。私も随分忍耐してきたのだから、たたかれたことで夫が文句を言ってカウンセラーに相談するなんておかしい。夫婦というのはお互いに迷惑をかけ合ったりすることもあるし、我慢や許し合うことも必要だと思う。」もし、妻のこの言い分は認められず、夫ならば認められると考えるならば、両性の対等性を否定することになる。しかし現代においても、社会が一致協力してこのような大変な錯覚をまかり通らせているのである。本来はとんでもない誤りであっても、それがあまりに自明なことのようにされてきたので、誤りであることを認めるのが恐いのである。結論としては、暴力に対して、先の夫のような言い分が成り立つと考えること自体が誤りだということである。DVはこのように、社会要因と内的要因が連動して発生するのである。

また「自分は家族を守るためにさんざん○○という努力もしたし、海外旅行にも何度も連れて行って随分配慮してきたし、いい暮らしもさせた。それなのに、こちらの努力を全部否定して、暴力のことばかりを責めるのはおかしい」という加害男性の言い分もある。しかし残念ながらその努力が事実であっても、妻にとって恐怖と服従を伴う家庭生活であるならば、差し引きゼロであるどころか、大きなマイナス決算となってしまう。夫にとってどれほど努力の蓄積があっても、DVがあると全くそれが報いられないとすれば、何としてでも自らの暴力は阻止しなければならないのである。

暴力は決定的に相手を被服従に追いやっていく。暴力で相手を服従させるという絶対に許容されない行為をしたということを認めなければならない。これは加害男性にとって非常に厳しいものであるが、この基本認識がなければ、尊厳を奪われてきた被害側との関係の再構築は不可能である。そのため、加害男性がこの対等性放棄を認められるかどうかが、DV克服を目指すかどうかの別れ道と言っても過言ではない。そして男性がパートナーの責任性を問える関係に戻れるかどうか（「加害—被害」の関係を解消）は、被害側の判断によると見なすのが妥当なのである。

④自己責任

ここで自己責任は二つの特殊な意味で用いている。第一は自分の言動・行為は自分が起こしているとの認識である。例えば夫が「いくら自分が筋道たてて妻に説明しても分からないから、殴るしかなかったんだ」と言う時、「妻が分からなかったら、殴る以外に選択肢はない」と考えていることになる。彼は妻の言動が暴力の原因と認識している。しかし「自分の説明を妻が分からない」ことと「殴る」ことを直接結びつけるのは大変な飛躍であり、この両者間には多くの選択肢があるはずだが、それを無視している。要するに加害側にとって、暴力に至る理由は全く本人の裁量にまかされ、何でも設定可能になる。「暴力が相手によって起こっている」と認識している限り、暴力をなくすことはできない。相手が自分の感情・行動をコントロールしていると思っているからである。「暴力は自分が起こしている」と認識することによって初めて、暴力をなくす主体が生まれる。

自己責任の第二の側面は、相手の言動・行動が加害男性自身に起因している点を認識することである。これは「相手の行動は自分の責任」という認識である。関係を修復するためには、夫が現在どれほど辛い気持ちで、将来への不安があったとしても、妻の立場・思いを最大限感じ取ることから出発する以外にない。それは、第4章図19にあるように、「夫自身の言動・行動が、いかに妻の行動を引き起こしているか」について、想像力をトータルに働かせなければならない。これまでの殴打や罵声、無視、といった行為が、現在の妻の矛盾ある行動、混乱、〝つれない仕打ち〟にいかに反映されているかを把握する姿勢、これが自己責任の第二の側面なのである。

DVを継続する加害者は、「自分の行動は相手の責任／相手の行動は相手の責任」と見なしており、筆者は、これを「無責任の達人」と呼んでいる。そして言葉巧みに相手の罪悪感を誘発して言いくるめる加害者は多い。DV克服を真摯に目指す加害者は、「自分の行動は自分の責任／相手の行動は自分の責任」と見なすのであり、これが「自己責任」の概念である。

⑤誇り

これはいわゆる「男のプライド」とは全く異なるものである。自らの行いが加害行為であることを認めるのは、本来決して自虐的なことではない。加害男性にとって自虐的と感じさせ、自己防衛に向かわせるものは、「過去の加害行為の責任を直視する恐れ」であり、自分の支えとするものを失う恐怖である。しかし、取り返しのつかないほどの苦しみを与えた人間として、十全に生きる道は確実に残されている。それは、自分の努力が実を結ぶことにすがる思いを越えて、「しかるべきことをしつつある」という感覚に他ならない。徹底した自己への問いかけをへて、あらゆる欺瞞・人間としての醜悪さを見つめるプロセスで生まれる自らの誇りである。それは、自分の努力を相手に認めさせたいという思いや、「ここまで努力しているから自分は赦される」といった自己弁護を越えた地平を目指すという確かな感覚である。加害を認めることは、人間として生きることの誇りを回復することである。もしある時点までDVを続けてきたとしても、その克服を決意した後の生き方は無視できないほど大切であり、当人の存在価値はそれによって決まるのである。

加害者が被害者との関係で認識すべきガイドライン

①パートナーの尊厳の回復を第一に考える

前述の「④自己責任」の例を再度考えてみよう。通常、妻から何も反応がなく、夫にとって報われない状況だと、自分の辛さの解消のために周囲を変えようとする。しかしDVは犯罪であり、加害側から対等性を要求できない立場である。夫にとっていかに辛くても、自分の辛さの軽減のために、被害者の協力を求めないという原則が必要である。ゆえに「自己実現する加害者」は、彼女の現在の状態を尊重して、夫は自身の辛さとして引き受け、見つめていく姿勢が基本であり、臨床家はそのような生き方を支援する。ひょっとするとこれは、真の意味でパートナーの生き方を尊重する最初の試みになるかもしれないのである。

②主導権が被害側にあることを認める

「①パートナーの尊厳の回復を第一に考える」の内容自体が、主導権は被害側にあることを示している。「加害―被害」関係解消についての判断の主導権は、被害側にある。別居解消は、同居後に妻が安心感がもてることが第一の条件で、夫側の条件よりも優先される。加害男性は夫婦が対等でフェアな関係を否定してきたので、被害側が主導権をとるというフェアなあり方を十分体験することを通過しなければ、関係の修復は望めない。しかも、被害側にとって、彼の変化・誠意が納得できる場合もあれば、彼の存在自体が容認できないがゆえに、納得不能な場合も存在する。この判断の主導権は、やはり被害側にある。

暴力行為の事実認定についても同様である。加害男性は、相手とのいさかいで、どれほど相手を貶める言葉を吐いたか、記憶がないことが多い。また、身体的暴力も、どんなきっかけで平手打ちに至り、殴り、足蹴にし、紐でしばるなど、何を行ったか、その回数やどの部位に対してか、等の記憶がしばしば欠落している。しかし加害側は覚えていなくても、被害側は具体的に記憶しているものである。加害男性の記憶の詳細が不確かであるのは、覚えているのに偽っている場合もあるが、本当に記憶がない場合も数多いと思われる。記憶があっての偽りは確信犯であり、問題外である。記憶の欠落の要因としては、次の二つが考えられる。第一は意識水準の要因である。人間が激怒している時、脳は大変な興奮状態にあり、それは平常の覚醒時の意識水準とは異なる。例えば、覚醒時よりも意識水準が低い睡眠時の夢の際の経験は、目覚めた後も記憶を保持するのは難しい。これと同様に激怒して暴力を行使している時の意識水準の記憶保持は不安定であり、平常の意識水準に戻った際には覚えがないのである。第二は記憶の防衛規制の要因である。人間というのは自分にとって苦痛であったり、自分に不都合である体験は、無意識に記憶から締め出すメカニズムをもっており、そのために暴力時の記憶が欠落してしまうのである。

さて、こうして記憶がない場合、被害女性にとって相手の責任を問えないのではないかという心配が生じるであろう。しかし当人に記憶がなければ責任が問えないというのは明らかにおかしい。例えば、酒を多量に飲んで酩酊状態の行為は、覚めた後にほとんど記憶していないにもかかわらず、法的に問われる。意識水準の変化による記憶の有無に関係なく、本人の有責性は存在する。加害男性にとって覚えがない場合、加害男性はパートナーが勝手に自分の暴力をでっちあげたと思い、いわれのない言い掛かりと受け取って、激高する出来事は広範に起こっている。一方被害側にとってこれほど辛い目に合わされたのに事実すら認めないのは、耐え難い卑劣な仕打ちと感じられる。この場合、被害側が加害側の記憶の欠落現象を理解して、責任を問うことを諦めるべきという論理は、先述のように明らかな誤りである。逆に言うと、加害男性にとって覚えのない場合でも、パートナーが主張しているならば、十分事実の可能性があると理解すべきなのである。このように、暴力の事実認定においても、判断基準は被害側にあるのが大前提である。

以上のことを認めるのは、加害男性にとって実にしんどいことである。なぜなら、加害男性は主導権をもたないと気が済まなかったのであり、その放棄を迫られることだからである。ジェンダーに執着する加害男性にとって、主導権の放棄は自らの優越性を否定される恐怖を引き起こし、少なくともDV克服を目指す以前には頑強に拒否する。しかし、いったん、被害者に対する主導権を手放してしまうと、加害男性にとってあれほど主導権にこだわっていたのが不思議に思えることが多い。主導権を相手に譲り渡したとしても、それが「自分の存在が否定される」とは別のことなのだ、ということを体験しているからである。

③愛情は「思い」ではなく「行動」によって現れる

「愛しているからこそ、分かってほしいからぶつんだ」という類いの言い分をもつ加害男性は多い。しかし本当に相手のことを愛し、大事にしたいならば、暴力は避けたいものである。なぜなら暴力によって相手を苦しめるのは、自分を大事にしないことと同等だからである。プログラムを通じて「自分は彼女を愛しているとずっと思っていたが、それは間違いで、暴力をふるっていたというのは、愛していたとは言えないのじゃないかと思えてきた」と語る男性は、決して少なくない。愛しているという「思い」は、それだけで愛情とはいえない。それに見合った「行動」を伴って初めて「愛情」と認められる。逆に言えば、自分が途方もないほどパートナーを傷つけたことを認め、専門的プログラムにより自分を変えるという痛みを伴う「行動」となって、初めて「愛情」と言えるのである。

④妻から離婚以外の気持ちがもてないことを言い渡された事態を、どう考えるか

暴力の問題に向き合う決心がついた時、妻の気持ちが冷えきっており、妻にとっては夫の存在が嫌悪感以外にない場合がある。そのような際には、夫にとって「せっかく今自分が立ち直ろうとしているのに」「彼女にとって自分がこのような気持ちになることをずっと望んでいたはずなのに」という思いで、承服しがたいと考えることが多い。しかしながら、夫が自分の思いを通そうとしても、もはや妻の気持ちが元に戻ることはなく、妻は夫が諦めないために更なる苦痛が続くことになる。妻にとっては身も心も疲弊して、夫がこの期に及んで真に改心したとしても気持ちが動きようもないのである。

相手からの裏切り・恐怖・屈辱などの苦痛が蓄積した場合、相手との関係修復を可能にするには、人間が気持ちを消費できる容量に限度があると思われる。図23を見ていただきたい。信頼を期待しては反故にされるという事態を繰り返していくと、ついには「相手に対する信頼感とそれに伴う忍耐を一生分消費してしまう」のである。そしていったん、その一生分の量を使い尽くしてしまうと、もはや回復不可能となってしまう。たとえて言うと、アルコール嗜癖の場合、一度発症した場合、酒をコントロールして飲めない身体となり、一生酒を断つこと以外に回復の道はなくなる。たとえ二〇年、三〇年断酒していようと、酒が1cc喉を通っただけで逆戻りしてしまう。それゆえ、治療者は断酒者に対して「あなたはもう一生分、酒を飲み干したんです」と言うことがある。DV被害者の場合もそれと非常に似通っていると思われる。

ＤＶ克服を決意した男性は、次のように考える必要があるだろう。これまで、パートナーの自由とものの見方を尊重してこなかったわけであり、それとは対極の姿勢がＤＶ克服の生き方である。残念ながら望む方向とは逆であるが、彼女が自分と人生を共にしたくないという選択を尊重する生き方は、ＤＶ克服に相当する新たな生き方であり、彼女に対する真の愛情である。この場合、相手のことを心から大切にし、精神的な平安を願う作業が別離である、と認めるのが、暴力を必要とする人生からの脱却なのである。これはもちろん大変な痛みを伴うプロセスであり、別離による内的な喪失感を徹底して見つめる作業を通じて、こだわりを手放す取り組みが大切となる。別離を拒むのは自分のためであり、別離を受け入れるのは相手のためである。どちらを優先するか、この両者の幅はとてつもなく大きい。今や修復の可能性がないのであるから、パートナーとの関係に執着するのは、自分にも彼女にも何も生まれず、苦しみを生産するだけである。別離の時期こそ、自分をいたわり、次の人生を再構築するための大切な時間である。残念ながら、多くの男性はこの大切な時期を、仕事・酒などに埋没して、その辛さから目をそらしてしまうために、積み残した課題を生かせない。この喪失の痛みを生かし、次の新しい女性との出会いに向けて、ＤＶを断つ自己変革に着手することが、誰にとっても望ましい人生なのである。

⑤信頼を回復するとは

決定的に信頼を損ねる加害行為をした人間が、苦痛を被った相手から信頼を回復するとはいかなることかを考えてみたい。パートナーとの力関係が逆転した状態にいる加害男性からは、しばしば「彼女から元通りの信頼を取り戻したいが、そのためにはどうしたらよいだろうか」という声が聞かれる。もし、パートナーにとって、理不尽な苦しみに長期間さらされたＤＶの期間の後に、加害側を信頼できる体験をもちうるとしたら、それはどのようなものであろうか。ただし被害女性にとって「彼の存在そのものが許せない」という状態に行き着く以前であることが条件である。暴力を行使した相手は、被害側にとってパートナー関係の失格行為をしたに等しい。暴力と、他の条件つきで許容できる苦痛とは、性質が異なるのである。男性がＤＶ克服のチャレンジを開始し、仮に暴力が消失したとしても、パートナーにとっては「暴力がないのは当たり前」である。「彼にとって暴力がないことを大いに誇れる」というものではない。夫として十分な努力であったとしても、出発点が大変なマイナス地点であるので、総合評価ではゼロ地点を大きく下回っている。信頼を失うことは容易であるが、一度失った信頼を取り戻すのは困難であるという基本認識から始める必要がある。このような性質のＤＶ行為

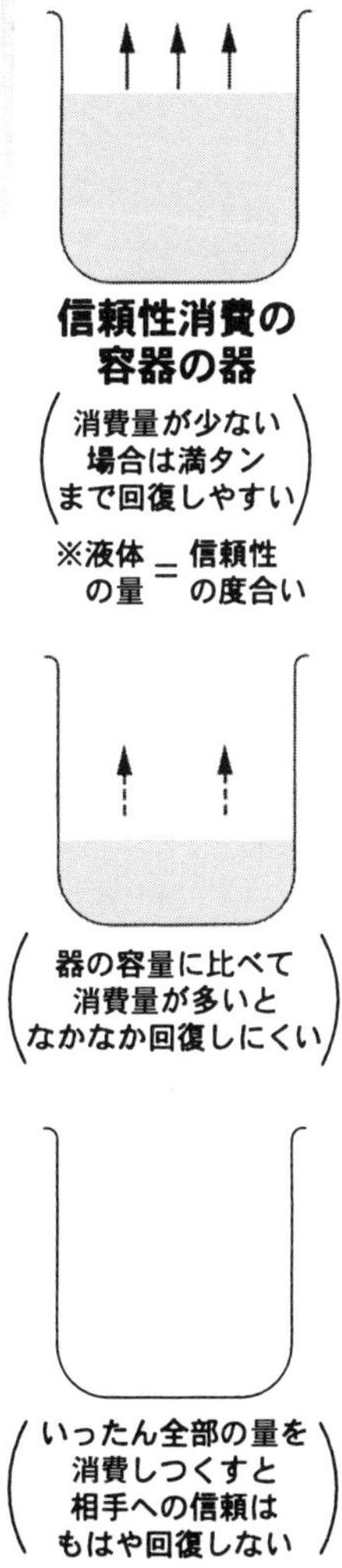
信頼性消費の
容器の器
消費量が少ない
場合は満タン
まで回復しやすい
※液体の量＝信頼性の度合い
器の容量に比べて
消費量が多いと
なかなか回復しにくい
いったん全部の量を
消費しつくすと
相手への信頼は
もはや回復しない

図　23

の後に、加害男性がパートナーから得られる信頼感があるとしたら、もとの信頼感とは当然ながら異質なものにならざるをえない。次のような例を考えてみよう。

夫の父親が脳梗塞で倒れ、いつ危篤になるか分からない状態にあった。そして現在、妻子は実家に戻っていて、夫は月一回程度会うことは可能だが、夫は「自分の父親がもう最期かもしれないから、一度孫をつれて病院に見舞ってくれないか」と頼んでいる。しかし、彼の暴力の件で妻が何度訴えても、父親が息子を諌めることも何もしてくれなかったことに、妻には心のわだかまりがあり、父親が最期と聞いても病院へ足を運ぶ気にはなれなかった。通常、夫は「自分の父親が最期を迎えようというのに、これほどの事情なのに、妥協して孫を連れてくることもしない妻はひどい」と受け取りがちである。そして夫婦間に埋めがたい溝ができることが多い。しかしこの時、夫が妻の頑なとも見える態度ではあるが、自分の暴力が極度に関係をこじらせたことにそもそも原因があると心底から認識すれば、次の二つの強い思いの葛藤が夫の中で生じるはずである。

(1)父親が亡くなる前に、子どもを会わせることを妻に要求したい。

(2)これ以上妻につらい思いをさせないことが大事で、父親より彼女の気持ちを最大限尊重しよう。

まさに「父が大事か、妻が大事か」の二つの強烈な葛藤状態を引き受けて、なおかつ妻の立場を優先できるかどうかが分岐点になる。すなわち、妻に戻ってきてほしいという取引ではなく、夫自らの葛藤を十分吟味して主体的に選択する姿勢である。それは、このように夫にとって妥協しがたいにもかかわらず、真剣に考えて妻の思いを優先し、そのことを恨みがましく言ったり、妻の妥協を要求する口実にしないこととして現れる。当然、専門相談では、このような葛藤をとことん見つめ、彼女に期待したくなる自らの弱さとも向き合い、妻との関係再構築のために全てを乗り越えるプロセスを丹念に支援することになる。そして、被害側から加害側への信頼の回復とは、以上のように夫が容認しがたいことでも、自分の立場を尊重した事実を被害側が認めるような事態が重ねられた場合のように思われる。しかも受け入れるかどうかは、妻の自由意志である。この例はあくまで一例にすぎないが、これが実現したとすれば、元々あった夫婦間の信頼とは異なり、壊れかけた関係における困難を真摯に見つめることを通して、新たに結び直した信頼なのである。

⑥加害男性の親密性の獲得

加害者プログラムの目的の三番目に「親密性」を挙げたが、その際に述べなかった側面を補足したい。加害男性が獲得すべき親密性は、相手が喜びと感じることが自分の喜びでもあり、相手の痛みは自分の痛みと感じられる生き方である。しかも互いに依存せず、精神的に自立していることである。精神的な自立とは、相手が喜ばないと自分が不安になる、という生き方ではなく、自分の欲求と相手の欲求を区別していることである。

夫婦や恋人の関係では、親密性を実現できる男性にとって、まず「相手が健康でいてほしい。苦しいこと・悲しいことがあれば、一緒に協力して何とかしたい」と思うのが自然である。加害者は、肝心な点で、相手が喜びと感じることが自分にとって苦痛であり、相手の痛みは自分にとって関心外である。加害者が自分の思いどおりに振る舞うと、相手を抑圧し、不快にする。相手に満足があるということは、自分にとって屈服であり、「勝ち—負け」以外の関係が体験できない。しかし、本当に成熟した男性は、自分の思いどおりにすることがあったとしても、自分の欲求の中に相手の存在が入っているため、相手にとっても居心地よい場合も十分ありうる。それは基本的に相手を苦痛にさせるような性質の欲求の示し方は好まないからである。そして、相手と対立することがあっても、「話し合いは相手に言うことをきかせる手段」ではなく、自分の立場が尊重されることと、相手の立場が尊重されることが同等であることを基本前提にしている。「自分を大事にすること」と「相手を大事にすること」が両立する体験を積んでいるのである。

⑦DVにおける「被害者との和解」という側面

DVは犯罪であり、相手の自尊心や尊厳を根本から奪う行為である。それゆえ、犯罪被害者と犯罪加害者が夫婦であって、一つ屋根の下に住む、あるいは犯罪被害者と犯罪加害者が別居夫婦・恋人関係で接触が続く状況と見なす必要がある。暴力克服をめざす加害男性の生き方は、最終的にパートナーとの過去の行為の清算と和解を目指すと位置づけることができる。ただし、その和解とは「内なる被害者との和解」であって、「外なる被害者（現実のパートナー）との和解」すなわち復縁を伴うか否かとは別の問題である。加害男性はパートナーシップの決定的なルール違反をしたのであるから、内的和解と外的和解が一致したとしたら、それは幸いというべきなのである。離婚後のDV克服の取り組みでも、単なる暴力行為のない自分になるだけではなく、過去の妻との内的な和解を実現し、精神的な決着をつけることは必要不可欠と思われる。

多くの加害者は自らが構成する世界の中に安住し、自分が相手にどれだけ理不尽な苦痛を与えているかの理解を拒否する。そして後ろめたさの幻影に脅え続けることの対抗策として、責任を相手に押しつける世界観を構築し、それを拡大しようとする。しかし、和解を志向する加害者にとっては、自らの内に被害者の苦しみの世界を入れ、それとともに生きようとする。それは加害者にとって、罪悪感を締め出して、欺瞞と歪みに彩られた経験に生きるよりは、パートナーの苦しみと自分の生き方を徹底的に折り合いをつけた方が、深い納得と安寧があるからである。私たちの中に眠っている公正さ、そして精神的にトータルな視野を取り戻すことは、たとえ大きな痛みを伴っても、人間としての正当な努力であり、それは専門的に支援されるべきである。被害者との内的和解の関係に支えられて生きることは、加害者の成熟したあり方をもたらし、暴力を再生産しない大きな力となるのである。

暴力について認識すべきこと

暴力の破壊的な性質について、被害女性が体験していることと、加害男性の理解は驚くべき差異がある。ここでは男性が脱暴力加害者として自己実現し、被害者との内的和解を促進するために、暴力をどのように認識しなければならないかを三点述べることにする。

①暴力行為そのものを評価する基準の差

理解しやすい暴力、すなわち、殴る・蹴る・首を絞めるなどの身体的暴力、罵声を浴びせたり、人格を貶める、厭みを言い続けるなどの精神的暴力について、それらが継続することによる重大性の認識は、加害側と被害側ではまるで違う。加害者は一つ一つの暴力の平均値によってその重大性を認識する。被害者にとっては全部の暴力の総和が被害である。なぜなら暴力は蓄積され、相乗される苦しみを生むからである。脱DVを目指す加害男性は、この点で被害の基準の枠組みをパートナーに合わせる必要がある。

②暴力がない期間の暴力被害の苦しみの存在

暴力の破壊的作用は、その行為による直接のダメージだけでは済まない。加害側にとっての暴力の苦痛の理解は、被害者が殴られた時の痛みや恐怖感、相手への怒り、といった範囲にとどまっている。しかし、被害者にとっての苦しみは、暴力のない期間にある方がむしろ持続的で深刻である。被害者にとって、加害男性への許しがたい憤り、恐怖感、感情の慢性的抑制による消耗などの苦しみは、暴力のない時にも持続する。さらに、被害者にとって当然とも思える周囲への救援行動も、夫や自分の親・兄弟からの無理解や非難にさらされ、孤立や無力感にさいなまれるという二次被害を体験する。そして二次被害という名のつれない仕打ちは、友人、職場の人々、警察、病院、役所、と次々に連鎖し、まるで世界全体が自分に敵対してくるような孤立無援状態に追い込まれることも稀ではない。

暴力は人生を苦しみに満ちたものにする。これらは暴力から派生する苦しみであるが、加害男性の直接行為ではないので、自らの責任とは認めにくい。「自分がしてないことにまで、責任を問われるのはたまらない」と思いがちである。一般に、他人の行為にも責任をとらねばならないのは、理不尽である。しかし、元来あってはならないはずのDVがこれらの不条理を生み出すのである。「DVは被害者が他者とかかわる部分まで、連鎖的な破壊作用をもたらす」ということを、加害側は理解しなければならない。それゆえ被害側が、これら「暴力がない期間の暴力被害の苦しみ」の持続に対して、加害側の最大限の理解と配慮を求めるのは正当なのである。加害男性にとっては、自分が直接行使した暴力そのものだけでなく、そこから派生するパートナーの苦しみの総体に耳を傾ける姿勢なくして、信頼回復のプロセスはありえないのである。

③暴力のダメージの性質：暴力の「カウンター・パンチ効果」

筆者は研究者というより基本的に現場の臨床家であり、個人の問題解決や尊厳の回復の支援に心を砕いている。直接会っている被害者の痛みはダイレクトに伝わってくるのであり、筆者にとって全く説明を要しないほどである。ところが、何も知らない人にこのような体験がいかに苦痛かを伝えようとしても、どうにも十分伝わらずにもどかしく感じてきた。

例を挙げたい。女性にとって妊娠中の暴力は、他の場合以上に気持ちを大きく冷却させる結果を生む。一方、多くの加害男性は「妊娠中だから気をつけてたたいた」などと「配慮」を語るが、暴力が最大の配慮のなさであることを認識していない。しかし妻にとって、妊娠中で体調も気持ちも不安定な時こそ、夫から大切に接してほしいと願うのである。この時期の暴力は流産の危険もあり、夫が「妻も子どももどうでもいい存在」と宣言するに等しい行為である。女性側からすれば、精一杯のいたわりと優しさを当然に期待している状況での暴力行為は、信頼できる関係を全面否定することであり、通常よりも深くダメージが残る。すなわち、暴力そのものが苦痛を与えるのに加えて、妊婦が当然抱くであろう期待が打ち砕かれる苦痛が加算されるのである。

これはボクシングになぞらえれば「カウンター・パンチ」が相手に効く原理と全く同じである。カウンター・パンチは、相手のパンチを自分がかわしながら、相手が自分に向けて打ってくる勢いに合わせてパンチを打ち込むものである。相手がこちらに向かってくる状態で殴るのであるから、正面衝突と同じで、相手が静止時に殴るよりもダメージが大きい。相手の勢いもパンチの打撃に加わるからで、カウンター・パンチが決まると即ノックアウトという事態もあるほど効果が高い。この点に筆者が気づいた時、多くの人々が暴力のひどさを暴力を振るう側に立って測ろうとし、被害側の体験を基準にしないことの誤りが明らかになったのである。

ＤＶが与えるダメージもこの原理と同じで、単に暴力行為そのものによるダメージを推測するよりも、実際のダメージはもっと強力なのである。ＤＶの暴力は親密な関係で起こるから、女性にとって相手が自分を大切に思ってくれるはずという前提で接している。しかも加害男性は、パートナーの配慮の足りなさを責めることによって、パートナーに最大限の配慮をさせた上で、暴力によってそれを全面否定する。これは「カウンター・パンチ」と同様で、見た目以上に相手の健康に生きる力を奪うのである。夫は「あなた（妻）は大事な存在であるという期待」を行動で否定しているのである。被害者にとって「暴力のサイクル」の影響が大であることも、このことで説明できる。激しい暴力行為の後、「ハネムーン期」という夫の優しい時期があり、被害者は「普段はこんなにいい人なのだ」「これが続けば前のことは忘れてもいい」という希望的な思いになり、それが「緊張蓄積期」では次第に揺らいできて、ついには暴力として爆発し、その「希望」は打ち砕かれる。このように相手の希望を引き出してそれを破壊する「カウンター・パンチ効果」は、後々までダメージが残り続ける。

全ての暴力は「カウンター・パンチ効果」をもっていると言える。子どもにとって親から虐待を受けることは、子どもが大切に扱ってもらうことを当然のごとく願うが、それが否定されるという「カウンター・パンチ効果」を伴う。学校での同世代間のいじめは、いじめ行為のみでなく、傍観者の冷淡、教師の不誠実な言動などが重なることが多い。そこには「人間というものは通じ合えるもので、誠意ある行為が引き出せるものである」という期待を向けると否定される「カウンター・パンチ効果」が内在している。おしなべて、他者に信頼や安心を向ける人間の傾向を引き出し、それをうち砕くという「カウンター・パンチ効果」が暴力にはあり、暴力の行為・言動のみによって重大性を測るのは誤りである。あくまで、被害者にとってのダメージの残り方に注目する必要がある。

真の謝罪とは

暴力の後、謝罪を表明する加害男性は少なくないが、反故にすることが常である。ここではほとんどの人々が目をそらしている謝罪の本質を考えてみたい。そもそも我々が過ちを犯した場合、スンナリとその過ちを認め、謝罪できるのはいかなる時であろうか。それは明らかに小さな過ちの時である。例えば、満員電車で他人の足を踏んだ時、我々はすぐ謝ることができるし、よほどでなければ相手も謝罪を認めるであろう。しかしながら、DVをはじめ相手に拭えないほどの苦しみを与えた場合には、謝罪によっては取り返しがつかないので、容易に謝罪できるものではない。

我々は日常生活で間違いを犯して謝罪した場合、相手がそれを認めて許さなかったら、どのように反応するであろうか。「せっかくこちらが謝罪しているのに、なぜ許さないのだ」と不満に思うであろう。すなわち我々にとって、謝罪は自分の過ちを許してもらうためにしているのである。暴力の後、加害男性は平身低頭で謝るが、そのことによって暴力の罪を水に流してもらうことを期待しているのであり、もしそれがかなわないと、パートナーに様々な理由を持ち出して「せっかく謝っているのになぜ許さない！」と非難するであろう。我々にとって謝罪は相手の苦しみにあてがうためでなく、自分が楽になるためであり、それを当然としてはばからないことが、いつのまにか社会の共通認識になっているのである。逆に謝罪があっても許さないほうが咎められがちである。社会的合意によって加害側の謝罪を被害側が認めるように圧力がかかり、許さない被害側は「頑なだ」「あんなに謝っているのだから、少しは考えてやったら」と非難されることになる。それは周囲の人々が無意識に加害者と同一化し、謝罪によっても許されない事態がありうることに恐れをいだくために生じるのである。我々の社会は加害責任について歪んだ価値観をもっているのであって、DV加害問題を乗り越えるためには、このようなジェンダー問題とは異なる「社会の歪んだ価値観の改革」が必要になってくる。

しかし、本来の謝罪とは、過ちを犯した側が楽になるためにあるのではなく、苦痛を受けた側が少しでも納得できる方向に進むためにある点を確認しなければならない。被害者は既に尊厳を奪われ、甚しい不利益を被っている。それゆえ、被害者にこれ以上の負担や妥協を要求するのは不当であり、何をおいても加害側が最大限のことをする地点から出発しなければならない。容易に取り返しのつかない苦痛を与えた側にとって、自分が楽になることを放棄し、心から相手のために謝罪するという地平がいかに困難であるかを、全ての人間は内省しなければならない。

人間はある苦痛の範囲までは、相手からの謝罪によって溜飲を下げることが可能である。しかし、限度を越えた苦痛に対して謝罪がなされた場合、むしろ際限なく怒りが込み上げてくるもので、被害側にとって「許しの強要」と感じられてしまう。DVを続けてきた男性にとって、治療モデルの「B加害行為に責任をとる」という側面は、これまで述べてきたように人間のあり方の極限に迫ることを要求すると考えざるを得ない。しかし、被害側の体験が人間として尊厳を奪われる極限に迫ることと比較して考えれば、これは決して無謀な要求ではないであろう。加害を認めての自己実現は、このように日常意識を越えた人間の闇と向き合う苦渋の営みである。しかし、加害者がこの新たな自己変革を追求する力は、人間が真の意味で誇りを取り戻すために基本的に与えられていると、筆者は信じている。これは決して楽観ではない。これを楽観や不可能と考える人々は、「被害―加害」関係を徹底して公正に考え抜くことに失敗していると思われる。それほどこの領域を考え抜くのはしんどいのである。それを《加害者臨床》では、加害者として健康に生きるべき世界観をもって、臨床技術と新たな理論・枠組みの枠を尽くして支援し、加害側から暴力を乗り越える力を社会に拡大しようとするのである。

被害者の再生産

ここでは被害者が加害者に転ずる場合について述べたい。次のような出来事を考えてみよう。夫から暴力を受けてきた妻が、耐えられないと感じて夫の母親に打ち明けた。その夫の母親もDV被害者であり、当然、義母が自分の気持ちを理解して、夫を諫めてくれることを妻は期待していた。しかし夫の母親の多くは妻の期待を打ち砕くのである。「私だって我慢してきたんだから、それくらい我慢しなさい」、さらには「女は殴られて磨かれるんだ」と夫の母親から言われたという相談ケースまであって、筆者は絶句したことがある。

女性は従来、抑圧される側にいても耐え忍ぶのが美徳とされ、そのような生き方が称賛されてきた。逆に、不当なこととして異議申し立てをするほうが不謹慎であり、和を乱すと非難されてきたのである。このような社会通念は、暴力を行使する側にとって極めて好都合である。このように血縁や近隣社会から期待される人生を余儀なくされていくと、「自分が耐えているから家族はもっているんだ」といった、何らかの信念で自分を支えなければ生きられなくなる。先の夫の母親が息子の妻に「女は殴られて磨かれるんだ」と告げたのは、その母親が「自分は夫に殴られ、価値ある磨かれた女になってきた」との自負によって自分を支えてきたのである。しかし、そのような歪んだ自負は、他人にも自分と同じ生き方を強要していく。なぜなら、母親にとって、息子の妻が暴力から解放される生き方を正当なこととして認めると、今まで耐え忍んできた人生の意義は崩壊してしまうからである。こうして、被害の中で忍従以外なかった者は、被害者を苦しめる人間として、息子の妻に対して加害者となっていく。しかし以上のメカニズムは、DVという苛酷な状況に過剰適応せざるを得なかった結果であり、元々の母親がもつ資質と考えてはならないだろう。

もし、この母親が「私の場合は耐えるしかできなかったけれど、あなたには同じ苦しみを味わってほしくない」、「息子には父親と同じことをしてほしくない」と思えたとすれば、加害を絶っていく力になる。しかし残念ながら、被害者がこのように新たな被害を生まない方向に発想するケースは、少数派にとどまる。なぜなら、暴力的状況下で忍耐するしか何も出来ない立場にいると、当初は「暴力が不当だ」と思えていても、自分の実感を信じているのは、現実の苦痛とのギャップで耐え難くなるからである。暴力の存在を前提とする周囲の価値観を受け入れて、自分の中の「加害者や現在の状況への正当な怒り」さえも押し殺していないと、生きていくのはつらすぎるのである。害悪を生み出す有力な要因は孤独である。被害者が「同じ思いをしてほしくない」との思いをずっと保持するためには、自分の感受性を守る工夫を続けてきたか、「暴力が不当だ」と思える他者と出会い、自分の感受性の妥当性を確認する機会を得たかのどちらかであろう。

*

被害者が加害者に転じていく暴力の連鎖のメカニズムの一つがここにある。これは子ども時代に被虐待やDV目撃被害体験をもつ男性が、大人になってDV加害等を行う場合も同様であろう。しかし人間はそのメカニズムに抗《あらが》い、主体的に自由を獲得することもできる。被害者が苦痛を経験したとしても、加害者に転じないための条件があるとすれば、それは何であろうか。それは次の二点であると考えられる。

(1) 被害者でいた際の苦痛・惨めさ・屈辱の体験を認め、状況の理不尽さや加害者への怒りを正当なものと認めること。

(2) このような被害の際の体験を「どのような人もこのような思いをしてほしくない」という想念に変容させ、それを実現していく意志をもつこと。

(1)とは逆に、被害者でいた際の苦痛・惨めさ・屈辱の体験を心の奥に封印してしまうと、どうなるであろうか。他者が被害者側にいる際の思いを敏感に感じとらないようにするのである。そして、他者である被害者の苦痛・怒り・惨めさ・屈辱の体験を、正当なものと見ないような論理を見いだして、自分の内側のその種の体験に触れないように防衛しようとする。かつての被害者が他の被害者に対して冷淡な態度をとる場合があるが、それはこのためである。自らの痛みを受けとめて、否定しない作業が必要なのである。

そして(2)の「どのような人もこのような思いをしてほしくない」と変容するためには、自分が体験した苦しみは個人的出来事ではなく、全ての人々にとって克服されるべき問題と位置づける普遍化の作業が必要である。そして、苦難を個人にとどめず、良質の想念や実践と出会っていく必要がある。これは、自ら体験した苦痛の体験から学習し、未来へ向けて再定義した結果生まれたものである。過ちを乗り越えるために、私たちの本当の意味での〝学習能力〟が問われている。

加害を乗り越える活動の社会化
――「責任性をひきうけることを誇りとする文化」の創造に向けて

私たちは、あらゆる局面で加害行為を正面から見つめ、過ちを二度と起こさない努力と、被害者への責任を果たしていく行為が促進されるような、強靭な精神を開発しなければならない。これが社会全体の力量となる蓄積に向けて、筆者は臨床という手段を使っている。被害側の惨めな思いの持続、無力感、恐怖、奪われた健康、奪われた時間、断たれた人間関係、これらは加害者がいかに償おうとも戻ってくることはない。DVに限らず、あらゆる犯罪はそうである。被害者の「なぜ私がこんな目に会わなければならないのか」という実存的な問いに回答はなく、被害体験以降の人生を苦しみに満ちたものに変えられてしまい、それでも被害者は生きることの意義を見いだす人生を背負うのである。
被害者にとって耐え難く屈辱的で、ぬぐいがたいダメージを受けた時ほど、加害者に対して強く謝罪と、誠意と、原状回復を求めたいと願う。しかし現実は全くと言ってよいほどそれがかなわない。少ない過ちほど謝罪や原状回復がなされ、巧妙で狡猾で取り返しのつかない結果を残す加害行為ほど、謝罪や誠意が向けられない。この理不尽な関係を逆転させなければならない。

「加害者が責任をひき受けてなされる最大限のことは、被害者にとって最小限のことである」——この原則は、社会で堅固に共有されるべきである。それゆえ、筆者が構築しつつある更生と治療のための加害者プログラムは、「誠意のトレーニング」として位置づけられる。読者にとって、筆者の構築している加害者プログラムは厳しすぎる印象をもつ方もいることであろう。しかし、被害側が全く理由にならない理由で踏みにじられた体験に比べれば、加害側がこのような徹底した更生と治療の際に負う重荷は、「被害側からの加害側への復讐」というレベルを超えた公正なものであり、加害者の人間としての尊厳を守ることでもあると、筆者は確信している。加害者が総力的な自己防衛に徹することは、自らの尊厳をおとしめる行為である。被害者の尊厳回復の活動と同時に、加害者は被害者に対峙しても恥じない質の生き方を実現し、加害者自身も己れを偽らず深いところで納得できる生き方ができるよう、支援していく——それを筆者は加害者に試みようとしている。これはまったく途方もない企てであり、多くの人にとって気が重く手掛けたくない取り組みであろうが、しかし、重要なプロジェクトであることに疑いを挟む余地はない。これを次の世代のために受け継ぐ運動として確立できないとしたら、一体、我々人間は暴力の問題を本気で終結したいのかどうか、全ての人々が自らに問いかけるべきであると思う（注1）。

社会の多くの人々は、被害者の怒りがなかなか消えないことに対して、「もういいかげん許したらどうか」「人間としての許容量が狭い」などの言葉で、被害側を苦しめることになりがちである。このような現象は、次のようなメカニズムによって起こる。すなわち、決定的な苦しみを受けた人々の怒りを受けとめることは恐ろしいので、それを拒否し、怒りの大きさを被害側の問題とみなすことによって、自らの負担を減らそうとするのである。これは全ての人間に共通した内的メカニズムである。

先の言葉を発する第三者は、被害者自身の責任性を投げかけ、「加害者が責任をとろうとせず、自己弁護と被害者攻撃に徹する」ことにより、被害者は何重にも傷つくことへの認識はない。ここには「加害者がその全人格をあげて責任をとろうとしたか」という側面の検討が欠けている。加害者の責任性が一向に問われないままに、被害者の責任性が注目されるという、二重基準が存在する。しかも、これは社会に広く存在する自明な価値観であり、検討されることなしに、その正当性が確信される。個人の外側にある社会の「正当とされる価値観」そのものが歪んでいるが故に、暴力や抑圧を引き起こしているということを、多くの人々は全く忘却している。このようにして、傍観者は知らないうちに加害者となっていく。そして、そのような傍観者の発する言葉は、加害者本人の発する言葉と酷似している。

「加害―被害」という関係に、中立や傍観者は存在しないと言ってよい。全ての人間に共通した自己防衛の様式と、暴力を擁護する社会の歪んだ価値観の両方によって、被害者を被害の状況にとどまらざるを得なくさせ、加害者はそのような構造に乗じて安全に加害行為を続けることができた——これが人間の歴史だったのである。

暴力を本来の意味で根絶するには、被害側からの異議申し立てや原状回復が体系的にはかられ、それが加害者にとって不利であっても、社会が正当と認めることを根づかせていかねばならない。その代表的なものがフェミニズムである。それと同時に、自らの内にもっている加害に加担する価値観に立ち向かう社会的運動が不可欠である。「加害から暴力を乗り越える」ためには、加害者プログラムの実践といった個々の加害男性を変えるのみでは不十分である。何度も述べてきたが、我々人間は自らの責任性を問われるのを拒否したい存在である。それゆえ、加害者は自らの加害行為に無関心であり、被害者への共感性を捨て、社会で共有している暴力容認的な価値観をフルに動員して自己防衛するのである。先ほど、社会にも由来する傍観者の自己防衛の様式は、直接の加害者と同じであることを述べたが、さらに言うと、DV・セクシャルハラスメント・いじめ・医療過誤等、あらゆる領域の加害において共通している。それが第2章でのモデル図で触れた《日常の全体主義》である。それゆえ、我々全てが加害性をもっている存在として、「責任性をひきうけることを拒否する文化」を積極的に解体し、「責任性をひきうけることを誇りとする文化」を構築するための思想、構造分析、運動論が必要となるのである。これは我々にとって、とてつもなくしんどい作業となるであろうが、我々が本気で暴力を終わらせる意志があるかどうかは、実はこの点にかかっている。筆者はすでにこのような運動論の構想をまとめ始めており、その一部は専門誌に論文（注2）として発表しているのだが、それらは「脱差別の心理学」等として、いずれ著作を世に問うことになるであろう。

注1：米国のみならず欧州や韓国などアジア地域でも加害者プログラムで活用されているドゥールース・モデル（図2）には、以上の側面が決定的に欠けていると考えられる。もちろんドゥールース・モデル自体は優れた点もあるが、加害者に被害者の立場を適切に認識することを促進し、DV行為でない行動・言動に方向づけるという段階にとどまっている。真の加害者更生にはそれ以上のものが必要であり、親密な関係における犯罪であるという特質に関係している。通常の犯罪であれば、被害者は加害者に一生会わなくてすむ。しかしDVの場合、同居・別居のみならず、離婚後でさえも加害者と関係をもち続けるケースも少なくない。しかも、最も大切に接してほしい相手から与えられるダメージである点や、加害行為の反復性を考え合わせると、「加害行為に責任をとる」という本質は、ドゥールース・モデルが示す先にあると考えざるを得ない。加害者が本来もつべき世界観の構築や、本書で示したガイドライン、加害者が前向きになろうとする姿勢そのものが相手をコントロールしてしまうパラドックスを乗り越えるための心理療法的働きかけなど、「加害者―被害者の関係性」の公正さを極限まで実現しなければならない。この加害者に対する心理療法の本質は、「被害の立場にも耐えうる公正さを、加害側から実現する」作業であると言える。ドゥールース・モデルでは、図2の中心は「対等」と表示されている。これはDVを女性差別の問題と見なすことに由来していると思われ、両性の対等性という側面では正しい。しかし、本書で示したように加害者と被害者の関係性は「対等」ではありえない。DV加害には、

女性差別と犯罪という枠組みの異なる二つの問題が同居していることから、概念の混乱が生じていると思われる。ドゥールース・モデルはこの点で明らかに誤りを含んでおり、このモデルに基づく加害者プログラムは一部修正が必要と考えられる。ドゥールース・モデルが世界の多くの国々の加害者プログラムで用いられているということは、この誤りに気づいていないとしか思えない。

最近、加害者プログラム関係の翻訳書も刊行されている。しかし例えば、マイケル・ダーフィ他『脱暴力のプログラム』(青木書店、二〇〇三)には、紙面量の関係で詳述できないが、DVのカップルが実行不可能な実習や、誤った方針の内容が含まれており、この分野の書籍には注意が肝心であると思われる。また、筆者は近年、米国の加害者プログラム実践者による研修を受けたり、議論する機会を重ねている。その方々はもちろんそれ相応の蓄積を感じさせるものでもあるが、加害者更生の本質についての認識や、各国の社会の諸条件をおさえた上での加害者プログラムのあり方に関する議論については、物足りなさを覚えた。米国がDV対応先進国であるために、米国の実践者が書いた(または語る)内容を日本の人々は十分吟味せずに鵜呑みにする傾向があるが、彼らの加害者プログラムの実践レベルは必ずしも高いものではないと思われる。

注2:「加害者のDV克服支援からの新たな視点——フェミニズムと〝加害者臨床〟の統合モデルに向けての試論」『国立婦人教育会館研究紀要第4号』(二〇〇〇年)所収

今後の取り組みの課題

(1) 加害者プログラム実践者への二重のバッシング

筆者はこれまで、数限りない有形無形のバッシングに遭遇してきた。ひどい場合には、筆者がDVのシンポジウムに参加しようとした時、会場入口で、主催関係者から恐ろしい形相で罵声を浴びせられたことさえある。席の限りがあり満席である理由で事前に断りの連絡が入っていたのだが、しかし現場を確かめると空席が複数存在していたのだった。その他、実践開始約1年後、ある研修会で会った婦人相談員から「まだやってたんですか?」と声をかけられる、など、無視や非協力といった本人も自覚しないソフトなバッシングは夥しく、やり切れない思いをすることが絶えない。その場で応援してくれる人もおらず、協力者は少なく、そしてその協力も限定的であり(しかしこれらの人々の存在に心から感謝している!)、孤立無縁の中、筆者は忍耐につぐ忍耐で活動を積み上げてきたのである。

あくまでも筆者は加害者の暴力を止め、全ての男性がDV問題に向き合う事業を推進しているのであって、暴力を肯定しているのではない。加害男性が余りに酷い現実を残してきたのは厳然たる事実である。それゆえ、長く被害者支援に携わる人々にとって、加害男性の味方をするような嫌悪感を筆者に対して覚えることがあっても、自然である。しかしそのことにより、加害男性の暴力克服の推進に極めて冷淡であるのは理解不能である。「加害男性は自分の過ちにキチンと責任をとって暴力を止めるべきだし、加害男性が率先して暴力を乗り越えようとすることを、一体望まないのであろうか。そのような被害者支援者にとって、筆者はDV問題の解決に望ましくない人物と映るのであろうし、「加害者プログラムの実践は時期尚早だ。」「加害男性を変えるなど無駄だ。」など、バッシングするに足る様々な理由をもちあわせているものである。しかし、筆者がそれらの理由に対して正面から論理的に反駁したとしても、彼女らは決して納得しないと思われる。背景に有しているのは加害者と社会に対する憤りであり、しかもその感情は全く正当なものであるから、筆者としても実に困るのである。批判的な方の本心が、「加害男性は自分の過ちにキチンと責任をとって暴力を止めるべきだし、本来はそのためのプログラムも推進すべきだが、個人的な感情として、彼らをとても許しがたいから、考えたくない。」ということならば、確かに理解可能である。厳しすぎる現実のために、本来あるべきシステムに感情がついていかないのである。時間をかけてこの断絶を埋めていかなければならないが、絶望的な感もぬぐえないのが正直なところである。（一方で、少数だが筆者の活動に理解ある被害者支援者が存在することも付記する。）

しかし「被害者支援に携わる人々は間違っている」と断定するのは早計である。何ゆえに、この種の人々が頑なで冷淡にならざるをえないか、という構造的問題を理解しなければならない。筆者に対して最も激しいバッシングをするのは、保守的男性層や加害者ではなく、日本のDV被害者支援に早期から取り組んできた人々である。かつてDV問題に日の当たらない時期、これらの人々の着実な積み重ねがあるからこそ、現在、社会問題として顕在化しているのであり、筆者は敬意を払うものである。しかし、本来ならば最も協力関係を築くことを望みたい人々から、問答無用の反感というリアクションしかない現実は、筆者にとって言いようもなく悲しいものである。これらの人々の姿勢が何に由来するかと言えば、それは、加害者や社会から恐ろしいまでの煮え湯を飲まされてきたからに他ならない。筆者に対するバッシングの強烈さは、男性中心社会による女性差別の根深さに正比例している。それゆえ、筆者に対するバッシングの本当の責任は、DVをはじめとした女性差別に加担し、無視し、放置してきた現在の社会にあると言うべきである。すなわち、被害者支援と加害者プログラム実践者に対しては、次のような二重の抑圧構造が存在することになる。

「男性中心社会──▼被害女性支援者──▼加害者プログラム実践者」

筆者は保守的男性層や加害者側からも、ほとんど無視か、意味不明な質問を受け続けている。DVという冷酷な暴力が蔓延している大問題に対して、何もしない、無視する、はぐらかす、といった多くの男性の行為は、DVが続くことに役立つのであるから、加害行為に加担しているのと同等である。このような「不作為によるDV加担」は当人にとって意識しにくいものであり、個々の現象として考えられがちである。しかし、一見ソフトのようでも、個々の男性は社会全体を代表してDV根絶に抵抗しているに等しいほど強烈なパワーを有している。不作為によるDV加担は、真摯にDV問題に取り組む人間に対して、底知れない無力感を与えるものであり、その罪は極めて重いと言うべきである。

筆者がバッシングを受ける現実は、単なる個人的問題に矮小化されてはならない。フェミニズムには"Personal is political."、つまり「個人に起こる出来事は、社会構造的背景をもった政治的出来事である。」という基本原則があるが、それは筆者の経験していることも同じである。

このような被バッシング経験は、加害側から暴力の根絶に貢献しようとする人間が、構造的に遭遇する障害である(注)。加害者プログラムを実践するということは、第一に男性中心社会から、第二に被害者支援の人々から、二重に周縁化されている。社会の差別や抑圧を乗り越える際に生じるこのような障害は、男性・女性の立場を越えて、公的な問題として認定され、議論されなければならない。

広い視点から見れば、現時点ではDV問題解決のために、あらゆる有益なものを活用すべき時期であり、主義主張を越えての協力関係を形成する努力が最も必要である。被害女性を長く支援してきた人々にとって、もし、加害者プログラムの実践が被害者を脅かす事態を生ずる疑いがあるならば、必要なのはまず対話である。加害者プログラムの実践によって被害者を脅かす事態が生じたとしたら、それは本来の目的に反するから、被害者支援と整合性のあるプログラム運営に修正しなければならない。筆者は真の意味で加害者プログラムを洗練していくことを願っているので、正面からの必要な批判、そして対話を切に望む。正面からの批判がなされずに、裏手で反感が行き交っている現状が一番問題である。大きな怒りが渦巻いているDVという領域では、関係者の立場を越えた協力関係が困難になる現象を直視する姿勢が必要である。この課題を乗り越えられないことによって利益を得るのは、不誠実な加害男性と保守的男性層のみである。

注：筆者は二〇〇三年八月米国の加害暴力介入プログラム「ALIVE（アライブ）」の研修を受けた。講師のナイナ・ワタナベ氏はカリフォルニア州で加害暴力介入プログラムに携わり、州ライセンスをもつDV介入トレー

ナーとして関係団体、学会などで専門的トレーニングを行っている。彼女はこの研修で「米国では加害者プログラムを実践する人々と、被害者支援に携わる人々との間に深刻な対立が存在する」と語った。DV対策の先進国においても例外ではない。

(2) 専門家研修

これまで見てきたように、日本での加害者治療の方法論の基礎を構築し、これを多くの臨床家と共有し、様々な機関で実践することが大きな課題である。DV法施行とともに、クリニックや相談室に来所する加害男性が増え、これらの臨床・相談現場で加害男性に対応するニーズが高まっている。将来、裁判所が加害者プログラムの受講命令を出す制度を法律に盛り込む必要があるが、そのためには民間レベルで加害者治療が全国的に展開されていなければ話にならない。裁判所の受講命令の受け皿が必要である。心理臨床家にとって、加害問題にチャレンジする際の困難と必要性を正面から見つめ、自らの技術や経験を生かして社会に貢献することが専門家の責務である。

しかし加害男性の暴力克服を促進するのは極めて困難である。現在広く日本で行われているカウンセリング・心理療法と異なった方針や枠組みが必要であり、単にカウンセリングを行っても、効果が薄いだけでなく有害であることすらある。加害男性の心理療法には、この問題に特殊化した理論と高度な技術が要求される。特に加害者の心理機制を理解し、その自己防衛を丹念かつスムーズに解体していく技法（本書に未収録）が極めて重要である。この技法は筆者が実施している2日間のトレーニングの約三分の一を占めるが、これは米国で広く実施されている加害者プログラムでは未発達である。この加害者の心理療法の理論の相当部分を本書で述べたが、より高度な理論展開と技術の本格的紹介は、できるだけ早いうちに実現したい。

米国ではグループによる加害者プログラムが実施されているが、日本の法制度や社会の諸条件を無視した形で米国のプログラムの一部を「加害者プログラム」として行おうとする動きが、現在一部で生じている。しかもこの種のプログラム実施者の技術は不十分なままであり、しかもマスコミで取り上げられるのみならず、本を書くなど、多くの既成事実を積み上げているために、それらの実践に問題があると判断しにくくなっている。しかもこのようなことを書くと、筆者の方が過度に批判的と受け取られかねない。筆者は深くこれらの現実に憂慮している。日本の実状に合った加害者プログラムの展開が必要であり、そして専門家研修が急務である。現在、筆者が主宰する心理相談機関では、定期的に研修講座を実施している。被害者支援との整合性を考慮しつつ、暴力克服を進めるための、最新の心理臨床的アプローチの研修を提供している。この研修は、加害者に対する心理療法の理論の講義、面接実習を含む多様な体験学習によって構成されている。加害者プログラムが義務化されていない日本の制約がありながら、最大限に加害者対応を生かすノウハウを学ぶことができる。

以前、筆者は法務省の研究機関から依頼され、これらのアプローチの集積について、デモンストレーションを交えたレクチャーを行った。その際、一五年にわたりＤＶの調査を行ってきた社会学専攻の米国の大学教官が来日しており、「米国の加害者プログラムでも実施されていない側面を含んでいる」という評価を得ている。国内の学会で幾度となく発表を重ね、第12回世界精神医学会（横浜）でもワークショップ発表を行った。加害男性の変化を粘り強く促進してきた経験、そして、これらの研修に参加した臨床現場の人々の反応からも、本書で展開してきた加害男性の心理療法の方法論は有効だと考えている。ただしこれらは、あくまで変化を望む加害男性に有効な方法論であって、変化を望まない加害男性には有効ではなく、それが可能な加害者プログラムは世界のどこにも存在しえないことを付記しておく。

加害男性の心理療法：研修内容項目

ＤＶ加害者に対する心理療法の研修内容は、以下のような項目を含んでいる。これらは、臨床・相談の現場で即座に役立つ技術・枠組を提供するもので、多くのロールプレイ実習・グループワークも取り入れて、極めて多彩な内容構成となっている。

加害行為の本質／加害者治療の理論／加害者治療の多層的介入モデル／ジェンダーと男性の精神病理／パートナーとの別居に伴う強い不安への対応／変化への抵抗への対応／モチヴェーションの高め方（不安、苦しみ、自己嫌悪をモチヴェーションに転化する）／妻、恋人との対等なコミュニケーションの作り方／パートナーから責められた時の誠実な姿勢の構築／パートナーからの信頼を取り戻す生き方について／別離の受容／子どもへの対応／偏った認知の修正／怒りの感情を肯定的なものに変

容する／責任を問われる恐れの感情の受容／転移、逆転移の理解／他

私たちは、それでも加害問題としてのＤＶに立ち向かう：特に男性に向けて

ＤＶをなくす取り組みは、私たちの価値観・行動・社会制度を変革する静かな闘いである。しかもこれは敗者のない闘いである。なぜなら、誰もが尊重される関係を作り上げる営みだからであり、それゆえ、勝ち負けすら意味をなさない世界を実現しようとする努力だからである。この静かな闘いは今後も長く受け継がれるものになる。もし私たちが生きているうちにＤＶがなくならないならば、せめて次の世代に対する負担を軽くしていきたいと思う。ＤＶは「人類の歴史四〇〇万年の愚行」である。二〇世紀後半に人間の歴史で初めて、固く封印されてきた暴力の問題を私たちはようやく明るみに出し始めた。沈黙を強いられてきた悲しみや痛みはあまりにも深く、それに向き合うことすら容易ではなく、暴力を白日のもとにさらすことに抵抗する力も、いまだ大きい。だが、今ようやく我々は加害問題を正面から見据えるだけの力量をつけようとしている。ＤＶ加害者への臨床は、人間の醜悪さにいどみながらギリギリのところで、かけがえのない質を見いだそうとする作業のように思えるが、それは悲劇の起こった後のことであり、苦い希望でしかない。最善はＤＶを起こさないことである。

次善ではあっても、暴力克服の意志に目覚めた男性は、断じて専門的プログラムに参加すべきである。それは自分・パートナー・子ども・その子孫、全ての人々にとっての利益である。暴力克服プロ

グラムを積極的に活用しないのは、平安な家庭生活を作る権利を男性自らが放棄していることに等しい。DVを継続することは、男性自身が尊重される状態とは全く違うものである。加害男性にとって、心の底でおののいている声を、ぜひ自分自身とパートナーのために生かして使ってほしいと願う。そのために必要なのは、自分にチャレンジする「勇気」――それが全てである。自分の行為が加害であることを認めても、人間には十分生きていく道があり、自分に対して願う限りの可能性は開けるのである。人間を徹底的に傷つけ、抑圧することを通じて得られる利益は、空しいものであることを知らねばならない。今こそ、連綿と続いてきた悲しみを終わらせるために、男性は立ち上がるべきなのである。このような責任を担おうとする男性が増え、加害男性は積極的に自覚して専門的プログラムを受けることが〝当たり前の努力〟であるとされ、それをしないのは恥ずべき行為とみなす社会になることを、筆者は心から望んでいる。

一方何ともやりきれないことに、大多数の加害男性は自らの暴力克服など、まるで眼中にない。しかしそのような現実がいかに大勢を占めようとも、何も行動を起こさないより、私たちは粘り強く現実を変えていくほうを選ぶのである。筆者は先を進みすぎるのかもしれない。筆者が着手し、現在も構築しつつある取り組みの困難さは、1トンの釣鐘を片手で動かすことに等しいと思う。1トンの釣鐘を一人の人間が力いっぱい動かそうとしてもビクともするものではない。しかし、片手であっても一つの方向から釣鐘の固有振動数に合わせて、長い間根気強く押し続けると、それは微かに揺れてくる。さらに揺れに合わせて押していくと、誰もが目に見えるほどに大きく揺れてくるであろう。そしてここまで揺れてくる間に、一緒に押す人間が出現することを願うのである。筆者はそのような地道さと、時には大胆な踏み込みをもって、これからも取り組みを発展させていくのみである。

あとがき

従来、ＤＶという同じ領域でありながら、女性の人権運動と心理臨床は全くといって相いれない関係であった。本書は、両者のより根源を見据えることによって統合化し、心理臨床の構造変革を促す、希有の試みとなった。

米国で実施されている加害者プログラムの方法論の全てを知ることは不可能だが、少なくとも筆者が情報収集した限り、これほど被害者との関係性を突き詰めて「加害者の生き直し」を徹底し、加害側から真の公正さを実現しようとする、本書のアプローチに類似するものは発見していない。米国での実践の裾野は我々が想像するよりもはるかに広いので、本書の試みに匹敵するものが存在しないとは思えないが、そうだとしても極度な少数派であろう。

筆者が構築してきたアプローチは、既成の何にも当てはまらず、既成を問い返すがゆえに、受け入れられるのに時間を要するであろうが、本書のような生半可でない加害者プログラムが日本全国で展開してこそ、ＤＶ根絶に一歩近づくものであると確信している。

大事なのは「暴力的関係を乗り越えるには何が必要か」——それだけである。

最後に、人を踏みにじる事態をこの世からなくすという難題に、必要な負担を承知でチャレンジする方が増えるよう、心から祈念して結びとしたい。

二〇〇四年六月

草柳　和之

著者紹介

草柳　和之（くさやなぎ　かずゆき）

メンタルサービスセンター代表。大東文化大学講師。

日本で初めてDV加害男性の心理療法の定型的実践と方法論の整備、専門家向けトレーニングでこの分野をリード。男性がDVや性暴力の問題に取り組む重要性を社会にむけて提言し続ける。海外のDV問題関係者とネットワークを持ち、独自な加害者プログラムの方法論が評価され始めている。NPO法人・日本ホリスティック協会理事。著書に『ドメスティック・バイオレンス――男性加害者の暴力克服の試み』(岩波書店､岩波ブックレット)、共著『DV～女性からのSOS』(ぎょうせい)、ほか論文多数。文部省（当時）委嘱DV啓発小冊子を共同執筆。

■メンタルサービスセンター：TEL　03-3993-6147
◎DV相談、暴力克服プログラムに関するお問い合わせ 10:00～19:00（月～土）
◎専門家対象のプログラム
・ストップ・ザ・DV研究会：毎月第2火曜日 19:00～21:00
・DV加害男性心理療法トレーニング：冬に、土日の2日間で開催
・DV被害者支援研修会：夏に、土日の2日間で開催

DV加害男性への心理臨床の試み
―脱暴力プログラムの新展開

2004年7月30日　第1刷
2016年6月10日　第3刷

著　者　草柳和之
発行者　村上克江
発行所　株式会社　新水社
〒101-0051 東京都千代田区神田神保町2-20
http://www.shinsui.co.jp
Tel 03-3261-8794　Fax 03-3261-8903
印刷・製本　モリモト印刷株式会社

ISBN 978-4-88385-066-2